不吼不叫，

心平气和地与孩子沟通……

好妈妈不吼不叫

培养孩子的100个细节

唐昕——著

江苏凤凰美术出版社
全国百佳图书出版单位

图书在版编目（CIP）数据

好妈妈不吼不叫，培养孩子的100个细节 / 唐昕著
. -- 南京：江苏凤凰美术出版社，2017.2（2018.7重印）
ISBN 978-7-5580-0935-8

Ⅰ. ①好… Ⅱ. ①唐… Ⅲ. ①家庭教育 Ⅳ. ①G78

中国版本图书馆CIP数据核字（2017）第008209号

责任编辑　曹昌虹
文字编辑　唐晓磊
装帧设计　瑞雅书业 · 赵　静
美术编辑　王　玲
责任监印　蒋　璟

书　　名　好妈妈不吼不叫，培养孩子的100个细节
著　　者　唐　昕
出版发行　凤凰出版传媒股份有限公司
　　　　　江苏凤凰美术出版社（南京市中央路165号　邮编：210009）
　　　　　北京凤凰千高原文化传播有限公司
出版社网址　http://www.jsmscbs.com.cn
经　　销　全国新华书店
印　　刷　小森印刷（北京）有限公司
开　　本　710mm × 960mm　1/16
印　　张　17
版　　次　2017年2月第1版　2018年7月第3次印刷
标准书号　ISBN 978-7-5580-0935-8
定　　价　36.80 元

营销部电话　010-64215835-801

不吼不叫

用爱陪孩子长大

妈妈和孩子的关系是最亲密的，但在孩子的培养问题上，很多妈妈却觉得孩子是最熟悉的陌生人。你永远不明白他为什么发脾气，他也永远理解不了你的心情，原本只想给孩子爱的呵护，却在一次次精疲力竭时，拿起最后的武器——吼，来对付孩子。但大吼大叫之后呢？有的孩子会被妈妈的一通吼叫震住，变乖了，不闹了，但有的孩子却闹得更厉害。无论何种情况，这种大吼大叫的教育方式都无法让孩子感受到妈妈的爱，对孩子也是有很深的伤害的。

妈妈们用大吼大叫发泄自己的愤怒，可对孩子来说，你的声调和教育结果往往形成了反比，你的声调越大，孩子越觉得没有被尊重。有的孩子会习惯妈妈的大吼大叫，将妈妈的话当成耳旁风，慢慢地，他们会听不进妈妈的任何批评或表扬；有的孩子原本有着很强的自尊心，可在妈妈的大吼大叫下，失掉了信心，对自己的各种行为都会产生怀疑，甚至怀疑妈妈对自己的爱，逐渐形成各种心理问题。

孩子健康成长的动力来自于他们的自信心，自信心是孩子不可缺少的一种心理品质，因此，好妈妈在培养孩子的过程中，一定要用爱呵护孩子，要注意提高孩子的自信心，而不是在吼叫声中让孩子丧失信心。

本书总结了好妈妈不吼不叫培养孩子的100个细节，列举了翔实的案例，从各个角度给妈妈们支招，小到孩子吃饭、睡觉应具备的好习惯，大到孩子诚实、博爱等优秀品质的培养，及对孩子叛逆、抱怨等不良情绪的梳理。有了这些培养孩子的妙招，妈妈们一定能放心地放开孩子的手，让孩子走进自己的交际圈；妈妈们也能意识到对孩子天赋潜能培养的重要性，引导孩子去做他们喜欢的事情。最重要的是妈妈们会学会控制自己的情绪，会更好地表达自己对孩子的爱，不会再在手足无措时对孩子大吼大叫，还孩子一个健康、快乐的成长环境。

每个孩子都可能成为“天才”，世界上并不缺少会成为“天才”的孩子，而是缺少懂得用爱培养孩子的好妈妈。在这个竞争激烈的时代，好妈妈们一定要改变自己的教育思维，掌握科学的教育方法，用你的爱培养出自信、善良、有进取心的孩子。

目录

Contents

Part 1 你的吼叫真的让孩子“妥协”了吗？

Part 2 孩子需要一个不吼不叫的好妈妈

Part 3 好的生活习惯都有好规矩伴行

Part 4 撒开手，孩子反而能很好地自理

Part 5 引导孩子的学习行为，而不是奖励

Part 6 鼓励并培养孩子的优秀品质

Part 10 当好“心理医生”，用爱呵护孩子的成长

Part 1

你的吼叫真的让孩子『妥协』了吗？

不要让孩子习惯你的吼叫

作为妈妈，在孩子不听话或者做错事的时候，你有没有冲着孩子吼叫过？相信很多妈妈的答案是肯定的。而且妈妈们的吼叫也一定起到了作用，孩子在你的一通吼叫后，变得听话懂事，甚至会无条件地服从你的指令。但是下一次呢？下一次遇到这样的情况后，孩子依旧不听话，依旧会做错事，依旧会在你的吼叫后变得听话懂事。

国外研究显示，88%的父母在孩子婴幼儿时期冲他们尖声吼叫过，而98%的父母在孩子7岁时对他们吼叫过。大声吼叫能够迅速让孩子妥协，但并不是教育孩子应有的方式。吼叫改变的是孩子一时的行为，因为孩子习惯了你的吼叫，所以会停止自己的行为。你的吼叫传递给孩子的信息是不能做这件事，或者不能这样做这件事，而没有告诉孩子为什么不能这样做，应该如何去做。因为没有得到你正面的指导，所以孩子的坏行为才会循环反复。

一天晚上，小志因为着急玩玩具，以最快的速度写完了作业。晚上，小志妈妈在检查完小志的作业后，大发雷霆，她对着小志一通吼：“你怎么不长记性？这道题你是真不会吗？昨天明明还写对了。你写作业的时候到底在想什么？不许玩了，给我重写！”说着，就将小志写好的作业撕了。

小志看着自己被撕掉的作业本，非常生气，他早就习惯了妈妈对他的吼叫，嘴上不敢顶撞妈妈，心里却想着：我就不好好写，看你能拿我怎么办。

就这样，小志敷衍着写了一遍作业，又被妈妈一通吼。小志妈妈本想着将小志的作业再撕掉，可是看时间已经快十点了，也没了办法，只好指导小志在刚写好的作业上进行修改。

小志的作业是改好了，可是他自己完全不记得作业写了什么，也没有从中学到什么，而且小志并没有意识到自己不认真写作业的危害，没有意识到自己的错误，他只记住了自己对抗妈妈的“战役”成功了。

在小志妈妈的朋友和亲戚看来，小志非常聪明、懂事，学习成绩也好，而且还会弹钢琴、写书法。可小志妈妈自己最清楚，别人眼中优秀的小志完全是自己“吼叫教育”的结果，现在小志的年龄越来越大，越来越有自己的主意，自己的吼叫似乎越来越不管用了。

孩子的成长都会经历一定的逆反时期，偶尔不听话是再正常不过的事情了，妈妈们在“对付”逆反的孩子时，一定要克制住自己的脾气，不要吼叫，不要大声斥责孩子，否则不但没法管教好孩子，反而会让孩子习惯你不负责任的吼叫。

孩子在尚未形成健全的独立人格前，在很多事情的处理方式上都会模仿他人，尤其是最亲近的妈妈。妈妈的一言一行都会对孩子形成深远的影响，所以在你与孩子两个人进行沟通时，无论孩子犯了什么错误，必须要管好自己的脾气，无论孩子以何种方式无理取闹，你都应该轻声细语地去批评、指导，让孩子明白你对他的尊重和爱护，让孩子内心受到触动，随之，孩子也会习惯你的关心，也才会以同样的举动回报你。

孩子不是你的出气筒

作为一位妈妈，你既要照顾家庭，又要在职场打拼，难免会有不顺心的时候，会有一肚子的烦恼无处发泄。而在你怒气正盛时，家人很随便的一句话或者很随意的一个行为，都会让你顺势将情绪发泄出来。有人会说，只有对最亲近的人才会这样，可是如果这个最亲近的人是你的孩子，那你就大错特错了。

孩子正处于发育阶段，心理和生理都不成熟，他们正是需要家人呵护教育的时候。如果你将自己的一肚子气撒到孩子身上，将孩子作为你的宣泄渠道，作为你的出气筒，那你伤害的就是孩子幼小的心灵，严重的还会让孩子的心理遭受创伤。

小曾是一名初中生，上小学前，他一直是个活泼开朗的孩子，遇到事情总喜欢跟爸妈说，不管是开心的事儿还是不高兴的事儿，他都会告诉爸妈。可是上学后，他变得不爱跟爸妈说话了，有时候见到爸妈连叫都不叫一声。

小曾的父母觉得是孩子在学校受了委屈，为此，他们多次跟小曾的班主任及其他任课老师沟通。可是小曾的班主任告诉小曾父母，小曾是个很懂事的孩子，在学校的表现非常好，没有发现他跟同学闹矛盾，只是不像刚入学那时活泼好动了。

小曾的父母怎么也找不到孩子不爱说话的原因。一次，小曾的妈妈在收拾书房时，无意中看到了小曾的日记本。小曾的日记让小曾妈妈大为震撼。原来，自己的孩子并没有在外面受委屈，相反是在家里受了委屈。小曾刚上小学时，小曾父母因为孩子的接送问题没少争吵。一次，小曾高兴地拿着自己的画给妈妈看，谁知道换来的是妈妈的一句“一边去，不要烦我”，小曾妈妈当时正跟小曾爸爸怄气，就将气撒到了小曾身上。而当小曾委屈地去找爸爸时，受到的也是一样的“待遇”。

这件事对小曾的心理产生了很大的影响。以后只要父母有争吵，他就会自己躲到屋子里，慢慢地，父母没有矛盾时，小曾也不爱跟他们沟通了。

作为一位妈妈，无论什么时候将孩子当成出气筒都是不成熟的行为。孩子的心理非常脆弱，我们不经意的一件小事，在孩子看来往往就是大事，或者说是天大的事。每位妈妈都是孩子眼中的天使，对孩子都是呵护备至的。在孩子没有做错事时，他们心目中的天使莫名其妙地对他们大喊大叫，会给他们的心理造成很大的落差，让他们的委屈感加倍增长。有的孩子在委屈感无限放大后，会将这件事铭记在内心深处，每当妈妈再跟他说话时，他会下意识地排斥妈妈的亲近。如果不能及时解开孩子心中的“疙瘩”，对孩子今后的心理和性格的形成会造成很大的影响。

所以，作为孩子最亲近的妈妈，要克制好自己的情绪，特别是跟孩子相处过程中，更要将孩子的情绪放在首要地位，不要对孩子大吼大叫，也要避免在孩子面前对其他人大吼大叫，带着一份好心情，与孩子欢乐地玩耍和学习。

吼叫威胁只能证明你的不称职

孩子的调皮捣蛋是每一位妈妈最头疼的事情。很多简单的问题，孩子心里清楚得很，可在需要他们认真做时，就是不好好执行，任你磨破了嘴皮子，他依旧是我行我素。这时候，性子急或者脾气大的家长，就会对着孩子一通吼叫，吼叫的话无外乎“再不听话，我就把你的玩具都没收了！”“让你做点事儿，你非要磨磨蹭蹭的，快点，快点！”“这么点小事儿你都做不好，笨死了，以后还能做好什么！”

着急忙慌的妈妈们对这些话一定不陌生，你可能只是很随意地发泄自己的情绪，对于孩子来说意思就变了，他们会觉得你是在威胁他们。这样一来，有的孩子会产生逆反心理，有的孩子则会因为过于内向而与妈妈产生隔阂。

小希学习成绩一向很好，可是一次期中考试，他的成绩不太理想。小希的妈妈看到他的成绩后非常恼火：“一天到晚就知道玩，你看看你每天学习的那点时间，能考好才怪呢！”小希妈妈看小希一点反思的意思都没有，就更加恼火了，她觉得小希根本没有听自己说话，便更加严厉地说：“从今天开始，晚上不许看动画片了。每天写完作业后，再看一小时的课外辅导书。”

小希本来不想跟妈妈争辩，可是听妈妈说不让看动画片后，就控制不住情绪了，他对妈妈说：“为什么不让我看动画片？我每天学习的时间还不够长吗？我只是一时疏忽答错了一道分数多的题目，难道就说明我没有认真学习吗？”

小希妈妈听到小希的反驳更加生气，她没想到小希会是这样的态度。看到自己的教育结果是这个样子，小希妈妈大吼道：“你没考好还有理了？成绩不好还这样跟妈妈说话，我说不让看动画片就是不让看。赶紧去屋里给我看书！”说着，还把电视遥控器收到了包里。

小希争辩不过妈妈，只好委屈地回屋里哭了起来。

像小希这样的孩子很多，自己考试成绩不好，孩子自身也会有些难受，特别是有些自尊心强的孩子，可能已经在心中埋怨自己很久了。而此时的妈妈不但没有安慰孩子，跟孩子一起寻找原因，而且还莫名地对孩子一通吼叫、数落甚至是威胁，这样做只会增加自己与孩子间沟通的障碍，而对解决问题本身不会产生任何作用，这样的妈妈也是不称职的妈妈。

妈妈们教育孩子的目的就是让孩子懂道理，引导他们去弄明白自己应该怎样做，或者怎么做才能让事情往好的方向发展。有时候并不是孩子不听话，而是你觉得孩子不听话，所以才会不由自主地“威胁”孩子，以吼叫的方式给孩子施压，这样做换来的结果往往并不遂人愿。

悦悦是个粗心大意的孩子，她写作业经常应付了事。悦悦妈妈非常生气，可是她知道孩子有逆反心理，自己越是训斥孩子，孩子越是不认真。

悦悦妈妈决定和悦悦一起解决这个问题。一次，悦悦写完作业后，悦悦妈妈把作业本拿了过来，她认真地看了一遍对悦悦说：“今天的作业写得还不错，开始的笔迹非常认真。是不是老师布置的作业有点多了，最后一页的字迹有点潦草。数学作业写得最好，虽然做错了几道题，但是字迹很清楚啊。”

悦悦听了妈妈的话后，非常想要得到妈妈的肯定：“妈妈，数学作业我自己再检查一遍吧，刚才写得有点累了，字迹潦草的一页我休息一下重新写一遍。”

悦悦妈妈非常高兴，她对悦悦说：“写作业时间长了肯定会累的，悦悦明天写作业的时候感觉累了就休息一下，和妈妈一起看会儿动画片再写好吗？我想你认真写的作业一定也会得到老师的表扬。”

悦悦高兴地接受了妈妈的意见，很认真地把潦草的那页作业重新写了一遍，又将数学题目重新验算了一遍。

后来，悦悦再也没有犯粗心大意的毛病，每天写作业的劲头大了很多。

同样是孩子学习方面的问题，妈妈们采用不同的态度去跟孩子沟通，产生的结果也完全不同。或许有的妈妈会说，自己对孩子严厉后，孩子在对待学习上的态度也明显好转了，可是这样的好转是否带有一定的强迫意味呢？孩子在你严厉的“威胁”下，是在愉快地学习吗？

暂时压制住孩子的教育成效是零，以吼叫威胁纠正孩子错误是最没用的方法，也是妈妈们最不称职的表现。妈妈们在教育孩子时，一定要注意自己说话的方式，并选好解决问题的角度。吼叫威胁会引发孩子的逆反心理，而逆反心理是每个孩子潜在的心理，只要你不去碰触就不会愈演愈烈，所以不要对孩子大吼大叫，做一名称职的妈妈吧！

高分贝的话 并不会让孩子“服输”

妈妈们在教育孩子时，大都会不由自主地提高声音的分贝，这不仅仅是怒气所至，更是对于自己威严的一种展示。当你想要居高临下地压制住孩子时，孩子可能一时被你的威严唬住了，顺从你的要求，但孩子会在心里无限缩小甚至忽略自己的错误，无限放大你的威严，会顺势产生一种是因为惧怕你的威严而放弃自己行为的错误想法。这样，孩子就会将更多的注意力放在如何“对付”你的“威严”上，而不会去思考自己的行为到底正确与否了。

浩浩只有6岁，难免会贪玩些，特别是跟别的小朋友在一起时，更是经常玩得忘了时间。浩浩妈妈规定他下午五点半必须回家吃饭，饭后还要练习钢琴，可是只要跟小朋友们玩得入迷了，浩浩就忘记了妈妈的规定。浩浩只要回家晚了，浩浩妈妈就会对着浩浩喊几句：“我每天都能按时做好晚饭，你怎么就不能按时回家！”“你都这么大了，怎么就知道玩？”

有一次，浩浩又没按时回家，浩浩妈妈气冲冲地下楼找浩浩。浩浩正跟小朋友们玩得热火朝天，浩浩妈妈把浩浩从孩子群中拉出来，毫不顾忌地对他大呼小叫一通，而浩浩没有像在家时那么听话，反而大哭大闹，别的小朋友眼巴巴地看着浩浩被妈妈拉回家，对浩浩妈妈增添了一分惧怕。而浩浩不但没有觉得是自己违反了妈妈的规定，反而觉得妈妈依仗自己是大人就欺负小孩子，让自己很没面子。

后来，浩浩为了显示自己在与妈妈的对峙中并没有落下风，依旧经常不按时回家。

像浩浩妈妈这样的家长非常多，平日里对孩子还算和善，可是一旦遇到问题或者自己情绪不好时，就会忽略自己的情绪问题，忘记教育的初衷，进而以发泄情绪的方式提高分贝，对孩子大吼大叫。这样做的妈妈虽然暂时在与孩子的对峙中占据了优势，但是孩子并不一定会服“输”。而且孩子在多次经历过妈妈高分贝的吼叫后，就很难再接受心平气和的对话方式了。

此外，高分贝的吼叫教育会令孩子产生一些不愉快的情绪，而这些不愉快的情绪会影响孩子身心的发展，越小的孩子受到的伤害会越严重。心理学专家通过研究发现，一岁的孩子在听到吼叫后，智力发展会放慢，经常听到吼叫的孩子，还会在今后的成长中具有好斗的行为。所以，妈妈们不要觉得孩子会习惯你的吼叫，孩子会明白你是为他好，孩子的习惯只能表明他已经受到了很严重的心理伤害。

在教育问题上，不是声音分贝高收到的效果就好，声音的分贝与结果往往成反比，吼叫教育的效果基本为零。而用低分贝的声音能够平和人的情绪，使人趋向于理智。所以用低分贝的声音与孩子沟通，往往更容易被孩子接受。

用低分贝的声音与孩子说话，不仅能够平和孩子的情绪，还能让孩子感受到你对他的尊重，让孩子明白你们是在平等交流，这样孩子会下意识地思考自己的问题所在。当你的话与孩子的内心思维碰撞后，孩子会感受到你浓浓的母爱。

所以，当孩子犯错时，妈妈们一定要压制住自己的怒火，控制好自己声音的分贝，更多地去动之以情、晓之以理。

Part 2

孩子需要一个不吼不叫的好妈妈

不吼不叫，心平气和地与孩子沟通

赵赵喜欢读书，尤其喜欢童话故事，故事中那些身怀绝技的动物形象总是会很立体地出现在他的脑海中。每次看到有意思的故事，他都会和妈妈一起分享自己的动物“偶像”。

一天，赵赵又看到一个喜欢的故事，他反复读了两遍，越读越喜欢，就放下书去找妈妈一起分享。赵赵的妈妈正在洗衣服，看到赵赵讲得非常兴奋，就放下手中的活儿去给赵赵找画画的纸和笔。

可是当赵赵妈妈拿着画画的纸和笔再次出现在赵赵身边时，眼前的一切让她怒火中烧。赵赵正拿着爸爸的签字笔在洗衣机上画一只帅气的小猫。

赵赵妈妈原本就忙得有些昏头，便毫不克制地对赵赵一通吼：“你怎么能在洗衣机上画画呢？妈妈没给你买画纸吗？”

赵赵有些委屈，他觉得妈妈就是仗着自己是大人才对自己大呼小叫，妈妈刚才一定没有好好听他讲故事，妈妈一定不知道他心中的小猫有多帅气，也不知道他有多着急想将心中的小猫形象画出来。虽然擦掉洗衣机上的画确实需要花费时间，可是也不会很难嘛。

赵赵没有跟妈妈辩解，而是委屈地回了房间。他在心里暗暗对自己说：“下次再也不给妈妈画画了！”

就像赵赵妈妈那样，毕竟孩子已经在洗衣机上涂鸦了，自己再怎么批评孩子也于事无补，一定要动手清理才行。所以，何不心平气和地表扬下孩子的创造力，再与孩子沟通一下随手乱画的坏处呢？赵赵妈妈和赵赵或许都会有个好心情。

一天，明明的妈妈发现明明在玩一个她没有见过的玩具。明明妈妈问他：“明明，能告诉妈妈你在玩什么吗？”明明见妈妈注意到了，非常紧张。他将玩具藏在身后，磕磕巴巴地对妈妈说：“这……这个……这是小亮的，我下午去他家玩来着。……嗯……他说了……愿意让我玩。”

看到孩子这样的语气和表情，明明妈妈心里也清楚了。她没想到自己的孩子会做出这样的事情，这可不是跟小朋友打架的小事，这种事情可轻可重。明明妈妈非常想对着明明大吼大叫一番，她没想到自己的孩子也会做出“偷鸡摸狗”的事儿来。可是转念一下，自己脾气是发出去了，可是孩子能领会她的意思吗？能知道她为什么那么生气吗？

明明妈妈走到明明跟前：“明明，如果你最心爱的玩具被好朋友借去玩，你会着急让他还回来吗？”明明想了想，点了点头。

明明妈妈又说：“我想，你跟小亮是那么要好的朋友，他当然愿意让你玩他的玩具。可是你们约定好时间了吗？要不你现在就跟小亮说下你多久还他玩具吧。然后我们再邀请小亮来我们家玩好吗？”

明明磨蹭着去打了电话，等放下电话后，明明脸上的愁云消失了。他开心地对妈妈说：“妈妈，小亮说他明天晚上要来我们家做客。我可不可以把我的飞机借给小亮玩？”

“当然可以啦，好朋友间要懂得分享啊！妈妈觉得你下次借朋友玩具时，一定要跟朋友说好时间哦，不然他们也会着急的。”

明明重重地点了点头。

心平气和地与孩子沟通是好妈妈能给孩子成长过程中提供的最大的养分，好妈妈一定要控制好自己的情绪，任何时候都要理性地跟孩子进行交流和沟通，这样才能真正解决问题，才能成为孩子需要的好妈妈。

教育孩子既难，又不难。难就难在父母对自己情绪的整理和克制方面；而不难在于，只要不吼不叫，心平气和，一定能让孩子意识到你的心意，孩子也能认真地听取你的意见。

每个孩子都需要通过父母的教育来获取养分，而心平气和地沟通则是孩子获取养分最好的通道。当然，妈妈们难免会有情绪失控的时候，这时一定要注意，情绪稳定后要跟孩子进行一次心平气和的沟通，用孩子容易接受的低声调与孩子聊聊，这样才能消除孩子的恐惧感。如果每位妈妈都能控制好自己的情绪，那么孩子遇事也一定能做到心平气和，这样言传身教的教育方式对孩子今后面对困难、挫折、失败时心态的调整意义重大。

站在孩子的角度，听听孩子的想法

莉莉是个漂亮的女孩子，她从小就喜欢跳舞，在学校的课外小组活动中也报名参加了舞蹈班。当莉莉兴奋地将自己参加舞蹈班的事情告诉妈妈后，莉莉妈妈有些不高兴了，在她看来，学习舞蹈的都是那些成绩差的孩子，莉莉学习成绩那么好，应该将更多的课余时间用来巩固学习成绩。

于是，在没有通知莉莉的情况下，莉莉妈妈给她在校外报了好几门必修课程的课外辅导班。因为上这些辅导班的时间跟学校的课外活动有冲突，莉莉如果去课外辅导班的话，就不能参与学校的舞蹈班活动了，莉莉决定跟妈妈好好说下自己的想法："妈妈，我觉得这几门课程的知识学校的老师已经教得很好了，我也掌握好了。我可以少去参加几个课外辅导班吗？"

莉莉妈妈本来以为自己以这样的方式处理这个问题，会让莉莉放弃学跳舞，没想到莉莉竟然公开向她抗议，这让她非常生气。莉莉妈妈没了耐心，对莉莉大吼道："我花这么多钱给你报辅导班还不是为了你好？你看看你，整天跟那些就知道玩的孩子一起学跳舞，能有什么出息！你以为我是钱多了没地方花？我和你爸爸省吃俭用不就是为了让你将来能有出息！”

莉莉还想解释什么，可是想着妈妈对着自己的一通吼叫，便不好再说什么了。

之后，莉莉每天辛苦地在各个课外辅导班听老师讲那些她已经会做了的习题，莉莉妈妈则要花费原本就不多的休息时间接送莉莉。这下活泼开朗的莉莉不但学习成绩没什么进步，反而变得闷闷不乐。

像莉莉妈妈这样的家长大有人在，他们望子成龙，觉得孩子在学业上有进步将来才会成为成功人士，可是他们却忽略了一个最重要的问题——孩子的想法。妈妈们不惜对孩子大吼大叫，以便让孩子能走上自己为他们规划好的“正途”。

妈妈们对孩子的爱都是无私的，可有时候这种爱的出发点是站在妈妈的角度去看的，那么站在孩子的角度来看，妈妈们的行为是爱吗？妈妈们有考虑过孩子的想法吗？而妈妈不分青红皂白的吼叫能让孩子“醒悟”吗？

有的妈妈或许不会干涉孩子自己的选择，可是对于一些与孩子一起参与的活动，则很少去主动征求孩子的意见。

小伟跟妈妈唠叨了好几次，想要去野生动物园玩。可是妈妈因为工作原因一连几周都没有时间。这个周五，小伟妈妈的工作有了新进展，终于可以休息一下了，她提前跟公司打好招呼，周末要带孩子去野生动物园。

小伟妈妈下班后特意去超市买了很多小伟爱吃的东西，她回家后就兴奋地跟小伟说了自己的安排。可出乎她的意料，小伟并没有表现出她期待的那种兴奋，反而有些犹豫。

原来，小伟不知道妈妈这周末会不加班，便跟好朋友约好了一起去图书馆看书。可是面对突然降临的去野生动物园玩的诱惑，小伟有些不知所措了。小伟非常想跟妈妈去玩，又不知道如何跟朋友解释，就跟妈妈说了自己的问题。谁知小伟妈妈听了后，不但没有给小伟出主意，还朝小伟一通吼：“你什么意思？你知道我为了这个周末能休息加了多少班吗？下周我还要加班，明天你爱去不去！”

造成小伟困惑的始作俑者就是自以为非常爱小伟的妈妈。这件事情对于大人来说非常好解决，可是小伟妈妈自始至终都没有站在孩子的角度思考问题。她自认为给了孩子一个惊喜，却忘记了孩子也有自己的世界，也会有自己的安排，无论做什么决定前，都应该询问一下孩子，让孩子有个心理准备。而在应该帮助孩子解决问题时，小伟妈妈却选择了大吼大叫发泄情绪的方式，忽略了问题本身。

如果小伟的妈妈在决定出行前就与小伟协商好，小伟一定会表现得非常兴奋，这样他才能尽情尽兴地玩好。而且小伟妈妈如果能让小伟也参与到出行计划的安排中，与小伟一起讨论下出行的交通工具、旅途中的细节安排，那么小伟的野生动物园之行一定会更有意思。

孩子的眼界和想法与成人不同，这是很多妈妈都会忽略的问题。妈妈们惯用成人的眼光去看问题，而忽略了孩子的感受，很多大人认为孩子应该喜欢的事情，在孩子看来或许会是另一种感受。

所以，妈妈们在面对孩子的“不配合”表现时，千万不要生气，更不要对着孩子大吼大叫，要静下来想想，换位思考一下，这样不但能拉近你与孩子间的距离，所有的问题也会迎刃而解。

树立威信，做一个合格的好妈妈

树立威信并不是要求妈妈们摆长辈的架子对孩子大吼大叫，威信与架子大小无关。越是有威信的妈妈越是会放下架子、放低姿态，蹲下身子轻声与孩子交谈，这样孩子才不会有一种妈妈高高在上的压迫感，也会更加信任和尊重妈妈。

一个周末的下午，小立一直在看电视，因为有个电视台正在连续播放他最喜欢的动画片，小立看得痛快，都忘记了时间。

小立妈妈买东西回家后，发现小立一直在看电视，连姿势都没换一下，就非常生气。小立妈妈不仅仅因为小立看电视时间长生气，更是担心他长时间保持一个姿势不动，对眼睛和身体发育有影响。小立妈妈放下手中的东西就对小立吼道："我出去这么长时间了，你不是说看一会儿电视就去学习吗？怎么还在看电视？还想不想要你的眼睛了？"小立见妈妈一进家门就对自己大吼大叫，非常委屈，他知道自己看电视时间长了，但是又觉得妈妈的态度有些过分了，便伤心地对妈妈说："我讨厌你！"说完，小立就回了自己房间。

小立妈妈听了孩子的话后非常震惊，她马上冷静了下来，开始反思自己。小立妈妈觉得自己刚才对孩子大吼大叫的做法就是在摆长辈的架子，架子是端起来了，可是却让她失去了自己曾经的威信。而刚才的事情，小立妈妈完全可以和小立好好说的，小立平日也不是不听话的孩子。

小立妈妈冷静了一会儿，去厨房洗了些小立爱吃的水果，来到了小立房间。小立妈妈没有直接进去，而是敲了敲门，得到小立的允许后才走了进去。她将水果放在小立的写字台上，然后蹲在小立跟前，对他说："小立，妈妈为刚才对你大吼的事情道歉。妈妈态度粗暴，对你的指责过度了，请你原谅妈妈。"小立没想到妈妈会这样对自己说，见妈妈诚心道歉，小立释怀了，他还有些自责，自己刚才确实过分了，怎么能看那么长时间电视呢。而且妈妈刚才虽然态度不好，可确实都是为了自己好才那么说的。小立不好意思地转向妈妈这边，面带愧色地说："妈妈，我知道你是为我好。我也错了，看电视忘记了时间。其实以后还有的是时间看，不能一下子看那么久。妈妈，我们还做好朋友吧！"

每个人都有做错事的时候，如果妈妈们做错了，为什么不能主动而诚恳地向孩子道歉，讲清楚原因，取得孩子的理解和原谅呢？这样做不仅不会让你的威信扫地，反而会让孩子更看重你的威信。

每个孩子都渴望受到尊重，而孩子们最初受人尊重的感觉来自于父母的威信。父母用威信获得孩子的尊重也不是一朝一夕能做到的，这需要在日常生活中经过多次的训练、教育和不断地强化而逐渐建立起来。

妈妈们在孩子心目中应该是温柔的，但是温柔不等同于没有威信，大吼大叫也不等同于有威信。妈妈们要拒绝大吼大叫，以自己独特的方式在孩子面前树立威信，只有这样，孩子才会看重你的威信。而那些能够得到父母的尊重与爱的孩子，也会渴求获得别人的尊重，也才会懂得如何去尊重别人、爱别人。

言出必行，赢得孩子的信任

孩子对妈妈的信任主要取决于妈妈的一言一行。好妈妈不会因为任何事情对孩子大吼大叫，也不会高声强调自己的尊严，而对于孩子来说，温声细语、言出必行的妈妈才是最值得信任的好妈妈。

小露是小学三年级的学生。有一次，她的考试成绩很差，小露的同学中也有人考得不好，他们一个个忧心忡忡的，决定瞒着家长，不然家长看到他们的成绩后又会吼叫着训斥他们，然后让他们做更多的习题。而小露丝毫没有担心，因为她跟妈妈有约定，不论成绩好坏，只要如实汇报给妈妈，妈妈绝对不会惩罚她。于是，小露跟往常一样开心地回家了。

吃完饭休息了一会儿，小露准备写作业了。这时，她拿着自己的试卷来到妈妈跟前："妈妈，我这次考试没有考好，因为昨天没有认真复习。"

妈妈听了小露的话后，脸色没有丝毫的变化，她看了看小露的试卷，发现小露出错的地方确实是没有复习到的地方。

小露妈妈微笑着对小露说：“你诚实地告诉了妈妈你的成绩，也找到了自己的不足之处，妈妈很高兴。不然今晚妈妈跟你一起复习吧，把那些不会的问题都学会。”小露开心地点了点头，和妈妈一起愉快地复习去了。

小露如此信任妈妈，正是因为她的妈妈言出必行。如果小露妈妈承诺了不会惩罚她，而在看到她的成绩后生气地大吼大叫，那么小露一定不会如此坦然地拿出试卷，也不会坦然地承认自己的问题所在了。

相信每位妈妈都曾经对孩子有过小露妈妈这样的承诺，可是真正做到的又有几个呢？妈妈在一些小问题上对孩子许下承诺，可是发生了大问题后，就对孩子大吼大叫，这样的妈妈怎么可能赢得孩子的信任？

曾经有人在一所小学做过调查，要求学生们写出四个生活中最信任的人。首选爸爸作为特别信任的人占总数的27%，排在首位；首选同学的占21%，排在第二位；把妈妈作为信任首选的只占总数的17%，排在爸爸和同学之后，列第三位。而这些学生对于妈妈的评价则是：“妈妈总是爱唠叨。”“遇到问题后，妈妈总是不能像平日那样冷静。”“妈妈虽然爱我，可是在我做错事情后总是大吼大叫。”可见，孩子们都能感受到妈妈的爱，可是却无法将对妈妈的信任放在首位，有的妈妈在孩子心目中还不如同学可信。

孩子的世界还很小，父母都是他们世界里最重要的人，正因为你的重要，所以你的承诺才更受到孩子的重视。

作为妈妈，当你做出承诺的时候，孩子往往都非常信任。如果妈妈不把自己的承诺当回事，说话不算数，孩子就会很生气，并认为“人是可以不兑现诺言的”。多次下来，妈妈们在孩子心目中就失去了威信，对孩子的教育也会显得苍白无力。

所以妈妈们不随意对孩子许诺，除非保证自己能做到，妈妈们还要信守承诺，特殊情况下也要及时向孩子解释或道歉，这样你才会真正赢得孩子的信任。

好妈妈会
允许孩子犯错误

每个孩子都会犯错误，没按时完成作业、吃饭不洗手、在外面和小朋友打架……妈妈们在孩子犯错后会如何处理呢？是火冒三丈地对孩子大吼大叫，还是像对待同龄人一样与孩子一起分析他的过失？既然孩子们都会犯错，那么你选择吼叫教育就是一种错误的方式。孩子毕竟是孩子，妈妈们如果平等地对待有过失的孩子，给他们更多的关怀，也许有一天，孩子会还你一个惊喜。

周末，菲儿的妈妈带着菲儿去游乐场玩，中午休息时，妈妈和菲儿一起选了一家快餐厅解决午餐问题。因为是周末，而且离游乐场近，快餐厅里的人很多，菲儿和妈妈等了好久才排上座位。

就在菲儿的妈妈去点餐时，坐在她们隔壁桌的一个小朋友不小心打翻了一杯饮料，小朋友的妈妈手忙脚乱地收拾起来，还不忘大声地吼了孩子几句。小朋友顿时委屈地哭了，小朋友的妈妈看到孩子不仅不帮忙收拾，反而自己在那儿委屈地哭，更生气了。她再次对着孩子大吼："吃个饭也不老实，你还吃不吃了？不吃就赶紧走！”就这样，小朋友完全没了吃饭的意思，只是哭，饭都没吃完，就委屈地被妈妈拽走了。

菲儿看着那个小朋友，有些同情他，但是她更害怕那个阿姨的吼叫，她在想，自己做错事的话，妈妈会不会也那样对她吼叫呢？这时，菲儿的妈妈买好午餐回来了。因为想着刚才的事儿，菲儿闷闷地和妈妈吃着饭，没有了上午玩耍时的兴致。妈妈看到菲儿情绪不对，便有意给她递上吃的东西，因为心不在焉，菲儿伸手去接的时候没有注意到妈妈放在她右手边的饮料。饮料被打翻了，菲儿手足无措地看着妈妈，她觉得自己也会跟刚才的小朋友一样可怜。

菲儿的妈妈怎么可能不生气，但是她也看到了刚才的一幕，她忍住怒火，无视旁人准备看热闹的眼光，迅速地将菲儿抱到一边，开始收拾撒在桌上的水。收拾好后，菲儿的妈妈的怒火也消了一大半，她温柔地对菲儿说：“是不是上午玩累了？看你有点心不在焉。你看看，还喝这个吗？我再去给你买一杯。”菲儿听了妈妈的话，有点意外地抬头看着妈妈：“妈妈，谢谢你。我以为你也会像刚才的阿姨那样对我大吼大叫呢。”

菲儿妈妈有点庆幸自己刚才忍住了怒气没发脾气，她安慰菲儿说：“刚才的阿姨一定不是故意的，她可能太累了，所以发脾气。菲儿放心，妈妈知道你不是故意的，而且每个人都会有不小心做错事的时候，只要以后多加注意，不要总犯同样的错误就好。下次如果再打翻了东西，要赶紧起身，尽量别弄脏衣服，然后帮妈妈一起收拾吧。”菲儿听话地点点头。

同样都是打翻了饮料，菲儿得到的是妈妈的呵护和指导，而那个小朋友得到的却是妈妈不分青红皂白的吼叫。相信下次遇到同样的问题，菲儿一定能处理好，而那个小朋友可能还是会手足无措。

当然，也不是孩子犯什么错误都沉默处理，如果是原则性的错误，作为妈妈必须明确指出孩子的错误，并且对孩子进行惩罚。

一个上初中的孩子偷拿了妈妈的100块钱。而他拿钱竟然是为了秀大方，请好朋友去游乐场玩。

孩子妈妈知道后，没有歇斯底里地吼叫，她冷静地惩罚了孩子："以后需要钱可以直接跟妈妈要，但是你这一次没有经过我的同意就拿我的钱，就必须接受惩罚。现在，你欠我100块钱，这钱必须还，不过可以慢慢还我。"

过后，这位妈妈开始若无其事地给孩子准备晚餐，吃饭时又像往常一样跟孩子聊天，再也没有给孩子增加负担。而这个孩子从此不敢再偷拿妈妈的钱，他现在正惦记着能不能帮妈妈做点什么，以抵除那100块钱的欠账。

"人非圣贤，孰能无过？"犯错误固然需要惩罚，可惩罚的方式有很多种，好妈妈一定会选择不吼不叫的方式。好妈妈会允许孩子犯错误，因为犯错误是孩子成长的印迹，犯错误是孩子成长的里程碑，只有犯错误才让孩子有改变自己的空间，而一味地苛责孩子，不仅你的惩罚会失去作用，还会让孩子背负不应有的压力。因此，不管孩子犯了什么样的错误，妈妈们都要注意引导孩子，从而防止孩子再犯同样的错误。

好妈妈不吼不叫，面面俱到地培养孩子

未未的妈妈是位海归博士，在一家外企做高管，未未的爸爸也是位博士，可是未未已经小学四年级了，学习成绩一直是班里的倒数第一名。未未的爸爸很是疑惑，他曾经与朋友沟通过这个问题，直到有一天，他的一位朋友跟他说："一定是因为未未妈妈太能干了！"未未爸爸以为朋友开玩笑，谁知朋友却很平静地跟他说："未未妈妈是不是经常辅导孩子功课？"未未爸爸觉得朋友不像乱说话的样子，便认真地跟他谈："是啊，未未妈妈每天陪他写作业，就是每次不到五分钟，就火冒三丈，对着未未大叫'你怎么这么笨！'"朋友笑了笑，说："问题就出在这里，孩子那么小怎么可能比大人聪明呢？孩子一定不希望妈妈对他大吼大叫！"

想想我们自己和身边的人，像未未妈妈这样的大有人在。未未妈妈是很优秀，可是在未未看来，他的妈妈只会大吼大叫，而他需要的是一个坚强、温柔、有主见、善解人意，能默默地为孩子奉献而毫无怨言的妈妈。

孩子对妈妈都有本能的依赖，妈妈的性格、语言和行为会影响孩子的一生，所以好妈妈必须注意自己的一言一行，这样才能在日常生活中潜移默化地培养自己的孩子，才能让孩子得到面面俱到的教育。那妈妈们应该怎么做呢？

1. 扔掉坏情绪

妈妈在回家前，一定要提醒自己：忘掉所有工作中不愉快的事情，回家后你只是个母亲，快乐地出现在孩子眼前，千万不要把与孩子无关的坏情绪转嫁到孩子身上。

2. 帮孩子养成好的生活习惯

妈妈们自身要有好的生活习惯，特别是饭前洗手、睡前刷牙、经常洗澡、定时睡觉等习惯，同时，妈妈们也要帮助孩子养成这些习惯。

3. 鼓励并培养孩子的优秀品质

当老师奖励孩子五角星或是小红花，妈妈们千万不要表现出厌烦或者不屑一顾，一定要及时表扬他、鼓励他。不妨跟孩子说："能不能让妈妈看看。"要让孩子感受到妈妈对他获得这个荣誉的重视，以及妈妈对他的行为的肯定。

4. 缓解孩子的心理压力

当孩子做比较重要的事情前表现出胆怯情绪时，妈妈千万不能直接说孩子胆小，更不能表现得比孩子还紧张，最好轻松地对孩子说："爸爸妈妈在像你这么大的时候还不如你呢，不要担心。"这时，孩子才会有底气和自信，才会好好发挥自己的实力。

在培养孩子方面，大部分妈妈都是新手，都会有出错或者出现疏漏的地方。有的妈妈很注意孩子生活习惯的培养，却在孩子天赋和潜能的培养方面不知所措；有的妈妈在引导孩子学习方面很有一套，却忽略了孩子交际能力的培养；有的妈妈非常注意鼓励、培养孩子的优秀品质，却在孩子的情绪问题上犯难……无论如何，想要面面俱到地培养自己的孩子是每个好妈妈的梦想，也是每个妈妈的难题。但只要妈妈们与孩子在一起时做到不吼不叫，注意培养孩子的一些细节问题，那孩子们也会懂事地配合你。

Part 3

好的生活习惯
都有好规矩伴行

让孩子愿意在饭前洗手

4岁的小雷有个坏习惯，就是饭前不愿意洗手。

妈妈一旦发现小雷不洗手，就会生气地吼他："你怎么又不听话了！饭前一定要洗手！否则，细菌吃进肚子里就会肚子疼！"但小雷已经习惯了妈妈的吼叫，根本没把妈妈的话当回事，妈妈在旁边的时候他就好好洗手，不在时就敷衍了事，稍微把手沾湿，然后拿毛巾擦一擦，甚至干脆不洗手。

有一次，小雷和邻居家的孩子在外面玩橡皮泥，到了吃饭的时间才回到家。也许是太饿了，小雷一进家门就迫不及待地跑到餐桌旁，拿起一个鸡腿啃了起来。妈妈看到后又大吼着制止他，并要求他去洗手。于是小雷跑进洗手间，稍微把手擦了一下，就又跑回餐桌旁拿起鸡腿大吃特吃起来。

看到小雷手上还沾着很多橡皮泥，妈妈只好把他拉回洗手间重新洗手。

生活中有很多像小雷一样的孩子：饿了的时候，伸手就去抓吃的，不管手上干不干净；渴了的时候，就直接把手伸到水龙头下，鞠一捧凉水喝，不管手上有没有脏东西；有的孩子甚至还会无意识地将手指含到嘴里玩……这些行为都是不可取的。

然而有时候孩子就是不喜欢洗手，特别是四五岁的小孩，妈妈们应该怎么办呢？这时，妈妈们要注意自己的态度，不要对孩子吼叫，要对孩子进行积极的引导，让孩子养成饭前洗手的好习惯。那么，具体要怎么做呢？

1. 告诉孩子为什么要洗手

妈妈们要告诉孩子饭前洗手的原因。比如，手接触外界环境的机会最多，也最容易沾上各种病菌，特别是手闲不住的孩子，哪儿都想摸一摸、碰一碰。如果再用这双小脏手去拿食物，病菌就会同食物一起进入体内，引起各种疾病。

2. 引导孩子观察自己手上的污垢

妈妈们可以在孩子手特别脏时，引导他观察手上的污垢，让他意识到不洗手的话，危害很大。如果家庭条件允许，妈妈们可以让孩子把手放到显微镜或放大镜下仔细观察，清楚地看污垢、病菌，让他加深印象，了解洗手的重要性。妈妈们也可以在网上找一些病菌的图片，将病菌的危害讲给孩子听。

3. 提醒孩子勤洗手、勤剪指甲

在孩子外出回家、吃东西前，妈妈们一定要耐心提醒孩子洗手，不要因孩子不愿意洗手而迁就。要通过反复的督促、提醒，逐渐让孩子养成饭前、便后主动洗手，弄脏手、脸后随时清洗的习惯。

另外，妈妈们还应定期提醒孩子剪指甲，让孩子明白，剪指甲可以清除指甲中的污垢，让病菌找不到藏身之处。

吃饭之前，家人都要主动去洗手间洗手。孩子喜欢模仿大人的样子，当他看到大人有这样的行为习惯时，就会跟着做。

如果你要求孩子饭前洗手，而自己却做不到，这会给孩子发出错误的信号：不洗手也可以。这样，时间一长，孩子就会当面一套背后一套：当着家长的面，认真洗手；避开你的视线，就会想方设法不洗手，这对孩子良好习惯的养成是十分不利的。

纠正孩子挑食、偏食的坏习惯

一提到孩子的吃饭问题，几乎每位妈妈都会头疼不已。相信很多妈妈都有这样的经历：手里端着一碗饭，追赶着一刻不停的孩子，一边追还会一边对着孩子吼："还吃不吃了？再不吃我收起来了！""快过来吃一口！"虽然生气地吼着，可是只要一有机会，妈妈们就把满满一勺子饭塞进孩子嘴里。

妈妈们千万不要认为，只有自己的孩子才这么淘气，不喜欢吃饭，事实上，全世界至少有一半的孩子都存在挑食、偏食的坏习惯。这种情况非常容易导致孩子吸收的营养不全面，影响孩子的正常生长。对此，妈妈们不应该将力气用在对孩子无用的吼叫上，而应该积极地对孩子进行引导和教育。

1. 尽量引起孩子对食物的兴趣

暑假到了，妈妈送4岁的小鹿去爷爷家过暑假。

一个月后，小鹿从爷爷家回来，妈妈发现她变得爱挑食了。原来，小鹿的奶奶挑食，虽然小鹿的爷爷不挑食，经常换样做各种饭菜，但是小鹿的奶奶经常在饭桌上说些"怎么又做胡萝卜""我最讨厌吃洋葱了""跟你说多少次了不要做豆浆"

之类的话。受奶奶影响，小鹿对食材也挑剔起来。

就拿牛肉来说，原来小鹿虽然谈不上有多喜欢，但也绝不讨厌，可现在她明显排斥牛肉。因为奶奶曾经在她吃牛肉的时候说了声“那可是牛肉啊”，小鹿从奶奶的话里感觉到牛肉是很难吃的东西，所以以后就再也不肯吃一口了。妈妈装作没注意到小鹿不吃牛肉这个问题，毫不在意地继续做牛肉。

吃饺子之前，小鹿问妈妈是什么馅的，妈妈没有骗她，告诉她是牛肉萝卜馅的，她就不肯再吃了。妈妈就另外做了别的东西给她吃。

后来，妈妈知道小鹿爱吃炸酱面，就用牛肉做了肉酱。因为过去妈妈从来没用牛肉做过肉酱，所以小鹿吃之前也没想到要问妈妈用的是什么肉，而且吃得很香。看小鹿吃完面了，妈妈才对小鹿的爸爸说：“家里的猪肉都用完了，去超市又来不及，我就用牛肉做了肉酱，没想到还真好吃。”爸爸也点头称是。小鹿听了有些不高兴，但是面已进肚，她再抗议也晚了，只好接受了。

过了两天，妈妈还买来了半成品的牛肉串，用烤箱烤得满屋飘香。妈妈对爸爸使了个眼色，爸爸马上会意：“吃这么香的肉串，我得喝瓶啤酒。”小鹿禁不住诱惑，也拿起牛肉串大口吃起来。

就这样，妈妈渐渐改掉了小鹿挑食的坏习惯。

当孩子对某种食物表示厌恶时，妈妈们不要急于找替代品，可以像小鹿的妈妈一样，装作不知道，甚至找机会暗示孩子其实他很喜欢吃那个，比如当着不爱喝牛奶的孩子的面对别人说：“我家图图不挑食，什么都爱吃，一口气能喝下一大杯牛奶。”

有的妈妈喜欢在饭桌上和孩子讲条件，“不把菠菜吃完，就不给你吃肉”，但实际上，这种话只能让孩子更讨厌吃菠菜，如果反过来说“必须吃完肉才给你吃菠菜”，这样反倒会引起孩子对菠菜的兴趣。在饭桌上为饭菜划等级的行为也应当避免，妈妈们更不要对孩子说“这个有营养要多吃，那个没营养要少吃”。如何让饭菜有营养是妈妈要考虑的事，而当饭菜端上了桌，就要允许孩子自己选择。

2. 家人要以身作则，不挑食、不偏食

孩子的饮食习惯多会受到家人的影响，或者说是模仿家人而形成的。如果家里有人不爱吃蔬菜，孩子也可能见到蔬菜就感到厌烦；如果家里有人有不喝牛奶的习惯，却要求孩子喝牛奶，孩子就会觉得不公平，对喝牛奶产生抵触情绪。所以，妈妈们想让孩子不挑食、不偏食，自己首先就要为孩子做出良好的示范，不要在孩子面前表现出对食物的特殊偏好，更不要说这个菜好吃，那个菜难吃。

3. 营造愉快的就餐环境

心情好，胃口就好。如果孩子对食物缺乏兴趣，妈妈们可以创造一个愉快的就餐环境，让孩子对进餐产生期待，一定不要把用餐时间变成家长训话的时间。值得注意的是，就餐时，要排除影响孩子进食的因素，比如打电话、看电视等。

4. 提高烹调技巧

如果妈妈们要么把饭菜做得千篇一律，看着都没有胃口，要么是中看不中吃，那么孩子出现挑食、偏食的情况也就不奇怪了。针对这种情况，妈妈们可在以下三个方面做出改变：首先是食物的外观多样化，尝试将食物磨泥、切碎、榨汁或者切成可爱形状等。其次是食物做法要多样化，不要老是同一种口味、颜色，比如菠菜可以加蛋炒，青椒可以做成酸甜可口的咕咾肉，胡萝卜、小黄瓜可以切丝做沙拉。最后，有些食物有特殊味道，让孩子闻而止步，所以要想办法除掉这些味道，比如青椒可以用水泡过之后再清洗干净，鱼肉的腥味可以用柠檬或生姜除掉。

5. 及时夸奖孩子的进步行为

除了以上几点，妈妈们还应及时夸奖孩子的进步行为，比如在家长的引导下，孩子开始去尝试自己不喜欢的饭菜，第一次可能舔一舔，第二次可能是一小口，最后终于不需要妈妈们引导就会自己主动吃。在这个过程中，对孩子每一个小小的进步，家长都要及时给予鼓励和称赞。这样，孩子会有一种被关注的感觉，从而会增强其继续进步的积极性。

不要让孩子把吃饭当成“美术课”

3岁的小志是一个“画画”能手，但他的父母却对他的这一“特长”烦恼不已。他们觉得，也许小志真的是一个绘画小天才，然而他似乎选错了作画的地方。

原来，小志“画画”的地方是家里的餐桌——小家伙总是喜欢把自己不爱吃的食物涂抹在盘子上或是吐出来。他的就餐看起来真像是在上美术课。

“臭小子，不要再玩食物了！”妈妈不止一次这样吼道，然而小志根本不为所动。后来，爸爸也参与了进来，对小志说：“你要是再这样玩玉米粒，爸爸就把你从餐桌上抱走！”小志听到后，居然又试着把一粒玉米扔进旁边的盘子里。父母的教育没起任何作用，每次吃饭时，小志仍然把食物弄得到处都是。

把吃饭变成美术课的可不止小志一个孩子。很多孩子，特别是3岁以下的孩子，都喜欢在吃饭时把食物弄得满手、满脸、满桌、满地都是，甚至把食物摆成各种造型，比如动物、房子等。

那么，面对喜欢玩食物的孩子，妈妈们应该如何引导和教育呢？

1. 给孩子准备容易吃的食物

对年纪比较小的孩子而言，有的食物或许太大了，孩子不容易吃下去，自然会拿在手里玩来玩去。如果妈妈们能够把食物切成孩子容易舀起和咀嚼的大小，那么就能避免孩子将餐桌弄得一团糟。

2. 当孩子玩食物时，立即结束吃饭时间

当孩子开始把食物当玩具玩，而不再往嘴里放时，通常表示他已经吃够了。当孩子开始玩食物时，即使他还没有吃饱，妈妈们也要立即把食物端走。只有这样，在孩子头脑中才能形成这样的意识：食物是用来吃的，不是用来玩的。

妈妈们可以给孩子提前定下饮食规矩，并明确违规的后果。一旦孩子违规，就立即执行。例如，妈妈们可以对孩子说："我很遗憾，你的手上都是捏碎了的鸡蛋。现在晚餐结束了。按照约定，你得把餐桌收拾干净。"

3. 不要发脾气

面对孩子玩弄、浪费食物的行径，相信很多妈妈都会不由自主地向孩子发火，然而在孩子看来，你的愤怒或许正是自己吃饭时想要的"调味剂"。学龄前儿童都希望自己能拥有影响世界的权力，要是家长生气发火，孩子反而会洋洋自得。因此，妈妈们不要让孩子产生"玩弄食物会引起家长注意"的观念。对于孩子在餐桌上的一些不具破坏性的玩食物的行为，如果你能够容忍，就完全可以视若无睹。

4. 执行规矩要坚决

如果孩子破坏了规矩，就必须要付出相应的"代价"。妈妈们在执行时，一定不要放弃或妥协。例如，当拿走孩子的碗时，无论他叫得多么大声，妈妈们也要坚持，要让孩子知道必须严格遵守你定下的规矩。

5. 及时赞扬孩子

当孩子认真吃饭时，妈妈们应该及时赞扬他，告诉他："你吃饭越来越认真了，真是个好孩子！"这样做会让孩子获得动力，吃饭时也会变得更加认真。

让孩子养成按时睡觉的好习惯

活泼好动是孩子的天性，他们好像时刻充满着活力，经常会想方设法逃避睡觉。他们中的大部分都喜欢把睡觉时间变成追逐时间、哭喊时间或缠着你再讲一个故事，再喝一杯水，以此来拖延。无论妈妈们多么努力，甚至是大吼大叫都无法让孩子按时睡觉，真是让人大伤脑筋。

还在上幼儿园的家乐是个小故事迷。每天从幼儿园回到家，他做的第一件事就是打开爸爸的电脑，津津有味地听有声故事。上床睡觉的时间到了，他还是不愿意离开电脑桌，一直要听到很晚才肯睡。渐渐地，家乐的脸色变得很不好，抵抗力很差，也很容易生病。

为此，家乐的妈妈多次劝说无效，有时候只好用家长的权威来“命令”他上床睡觉。家乐无奈，只好极不情愿地上床，可是上了床却还是翻来覆去不肯睡，软磨硬泡地让爸爸妈妈讲故事给自己听。为了能让家乐早点入睡，家乐的妈妈就和他约定，讲完多少个故事就乖乖睡觉，家乐答应得很痛快。一开始，家乐还能满足，后来就不行了。故事从3个增加到5个，过于简单的故事家乐还不接受。就这样，妈妈只好讲些长故事给家乐听。结果等最后一个故事讲完，家乐心满意足时，却已经十一点了。

到了第二天该起床的时候，家乐总是喊困，想赖床多睡一会儿。渐渐地，家乐晚上睡得晚，早上起不来，白天精神不济，家乐的妈妈对此束手无策……

儿童期是孩子身体发育的关键时期，保证充足的睡眠对于孩子的发育至关重要，因为孩子在睡眠时，脑垂体分泌的生长激素能够有效地促进孩子的生长发育。同时，儿童期也是养成良好生活习惯的关键时期，因此，按时作息对孩子非常重要。妈妈们应当在孩子小的时候就开始引导，帮孩子建立起早睡早起的生物钟。为此，妈妈们需要做到以下几点：

1. 规定孩子的睡觉时间

为了让孩子准时上床睡觉，妈妈们最好明确地规定孩子的睡觉时间，而不要给他们选择的权利。因为如果你对孩子说："嗨，宝贝，你觉得现在应该上床睡觉吗？"那么孩子肯定会选择"再玩一会儿"。妈妈们一旦给孩子规定了上床睡觉的时间，就不能随意改变。睡觉时间越明确，孩子就越容易按时去睡觉。

值得注意的是，妈妈们不要把"天黑了"作为孩子上床睡觉的标准。因为每个季节的天黑时间都是不同的，这种标准会引起不必要的麻烦。

2. 以身作则，兼顾孩子的情绪

要求孩子严格执行规定，妈妈们就要为孩子做出表率。如果妈妈们要求孩子不能长时间看电视，而自己却看到很晚，这样会让孩子觉得不公平，影响其睡前情绪。一些孩子特别想看的节目，妈妈们可以帮孩子录下来，周末休息的时候再放给孩子看。有时孩子做游戏或是看书正在兴头上，那么妈妈们强制他们立刻上床睡觉的做法是行不通的，最好事先提醒孩子，让孩子有个心理准备。

3. 为孩子营造良好的睡眠环境

要培养孩子按时上床、上床即可入睡的好习惯，应为他们提供一个舒适安静的环境，卧室和床铺要符合他们的要求；不要让孩子养成开着灯睡觉的习惯；睡前可以播放一些轻柔的乐曲。

4. 尽量使孩子感到安心

小孩子，特别是学走路的孩子，在熟悉的环境中会感到安心。他们喜欢从某种固定的行为或物品中获得安全感。比如有的孩子喜欢把玩具放在床上；有的孩子习惯在睡觉前亲吻父母，或得到父母的亲吻；有的孩子喜欢在睡觉前听一个小故事。这些都可以帮助孩子迅速进入梦乡。妈妈们不要取笑孩子的这些行为，也不要加以阻止。

5. 注意调节孩子的睡前饮食

晚饭时，妈妈们不要让孩子吃得过饱；睡觉前的一个小时内，不要让孩子吃夜宵，不要让他们喝咖啡、浓茶之类提神的饮品，也不要让孩子食用巧克力等零食。这些都不利于他们的休息和身体健康。

6. 不要在睡觉前刺激孩子的情绪

要让孩子提前做好睡觉前的准备，如洗漱等。不要让孩子在入睡前看激烈的电视节目或是做剧烈运动，更不要在睡前打骂、训斥孩子，这会让孩子用很长时间才能平静下来。只有身心放松才能更快入睡。

7. 让孩子白天充分运动

孩子的精力太过旺盛，妈妈们就应该让孩子在白天充分地运动，这样，到了晚上睡觉的时间，他的身体会自动跟他的大脑说“要睡觉了”。

让孩子爱上洗澡

俏俏是个可爱的3岁小女孩，可是她特别不喜欢洗澡。每次妈妈让她洗澡时，她都哭着闹着不肯去。所以妈妈不得不一边冲她吼，一边把她拖进浴室。即便进了浴室，俏俏也不肯好好配合妈妈，搞得妈妈每次给她洗完澡都会筋疲力尽。因此，每次妈妈给她洗澡前都会感觉很头疼。

日常生活中，很多孩子都像故事中的俏俏那样，养成了不爱洗澡的习惯，这会对孩子的身体健康造成极大伤害。然而，要想培养孩子勤洗澡、爱清洁的好习惯，也并非易事。妈妈们首先要让孩子明白不洗澡的危害：不洗澡就不能清除身体上的污垢和病菌，使皮肤不健康，而且容易生病；不洗澡就不卫生，身体会散发出难闻的汗臭味，幼儿园的小朋友和老师也不会喜欢！

当孩子真正认识到勤洗澡的重要性以及不爱洗澡的危害之后，妈妈们就可以给孩子定规矩："以后爸爸妈妈负责给你洗澡，你负责给自己的布娃娃洗澡。"这样做会调动孩子勤洗澡、爱清洁的积极性。另外，为了激励孩子，妈妈们可以在孩子洗完澡后，奖励他一朵小红花。这样，孩子会逐渐养成勤洗澡的好习惯。

为了防止孩子在洗澡时出现哭闹、反抗等行为，妈妈们需要注意以下几点：

1. 寻找孩子不爱洗澡的原因

对于那些不爱洗澡的“顽固分子”，妈妈们可以了解一下孩子不愿洗澡的原因，从根本上解决问题。孩子不爱洗澡的原因，不外乎水温不适、水龙头声音太大，孩子受到惊吓或是呛过水、洗澡时间不合理等，妈妈们不妨认真回忆孩子历次洗澡的经历，找到孩子不愿洗澡的真正原因，一定能找出相应的解决办法！

2. 对孩子的洗澡时间做出让步

在洗澡时间的问题上，妈妈们要尽量灵活一些，必要时可适当做出让步，避免孩子因为洗澡而错过他们喜欢做的事情，例如孩子最爱看的动画片。

3. 在洗澡之前，预先让孩子做好准备

在洗澡之前，妈妈们预先让孩子做好准备，会让孩子顺利地从玩耍时间过渡到洗澡时间。妈妈们可以在洗澡之前对孩子说“再过几分钟，你就该洗澡了”“闹铃响了以后，就应该洗澡了”或者“看完这集动画片后，我们就开始洗澡”。

4. 速战速决，不拖延

妈妈们在给孩子洗澡之前，就应该把洗澡所需要的东西都准备好，这样可以速战速决，避免不必要的拖延，从而将自己和孩子的不快降至最低。

5. 让孩子享受洗澡的乐趣

当然，如果妈妈们像洗一件脏东西一样为孩子洗澡，孩子必然会反抗。只有让孩子感受到洗澡是一件快乐的事，他才会爱上洗澡。因此，你在给孩子洗澡时，可以和他玩耍、说笑，喊他的名字来互动，也可以在洗澡时给孩子唱唱歌、做做游戏。这样，每天的洗澡时间就成了快乐的亲子时间。另外，你也可以在浴缸中放上小鸭子、小船等玩具，还可以为孩子制造大量的泡沫让其玩耍，让孩子逐渐感到浴盆其实是个有趣的地方。这样当你要求他洗澡时，他就不会拒绝了。

3岁的多多特别不爱洗澡，每次洗澡都不肯配合，又哭又闹。他的妈妈明白，只有让孩子爱上洗澡，才能从根本上解决问题。针对小家伙特别喜欢在海里游泳的爱好，妈妈在他洗澡时做出了一些改变。

这天，当多多又不情不愿地来到浴室时，映入他眼帘的是他从未见过的最美丽的“大海”。原来，妈妈将五颜六色的泡泡放进了浴缸里，远远看上去就像大海上的五彩阳光一样。“大海”上还有“游艇”和载着肥皂盒的玩具船！

此时，多多兴奋极了，他急切地跳进浴缸中，开始在“大海”中玩耍。这次洗澡，多多既没有哭闹，也没有反抗。

自此以后，妈妈规定多多每天至少要洗一次澡，而且洗澡的时候要逐渐减少玩水的时间。这些规定多多都欣然接受了。

6. 洗澡的时候尽量顺着孩子

如果孩子在洗澡的时候提出了一些要求，比如自己决定浴缸里放多少水，自己选择要玩的玩具，自己调节水温，自己涂抹沐浴液等，妈妈们都应该尽量满足孩子的意愿。此时，只要孩子的要求是合理的，你就应该无条件地答应他。

7. 鼓励孩子自己洗澡

如果有可能，妈妈们应尽量鼓励孩子自己洗澡。当孩子年纪比较小时，妈妈们可以坐在孩子身边，耐心地指导孩子，逐渐锻炼孩子自己洗澡。当孩子稍大一些，有了足够的身体协调能力时，你就可以放心地让孩子自己洗澡了。

督促孩子勤刷牙

孩子 2 岁以后，牙齿已基本长齐，该开始学刷牙了。刷牙是保持孩子口腔清洁的主要方法，它能有效地预防各种口腔疾病的发生，因此妈妈们应该及早给孩子制定规矩，告诉孩子刷牙决不能马虎。

然而，现实中很多妈妈都认为，孩子的乳牙迟早是要脱落的，因此，刷不刷牙无所谓。其实这种观念非常错误。

这天晚上，妈妈带着6岁的小烨到医院看急诊，原来他的后牙牙髓炎急性发作。经检查，小烨有6颗后牙全部生龋，都烂了很大的洞。

为何小烨的年纪这么小，他的大部分后牙就已经全部龋坏？医生检查时发现小烨的牙洞以及牙缝里都塞满了肉屑等食物残渣，并散发出恶臭。经过询问，医生得知，小烨晚上几乎从来不刷牙，而溺爱他的妈妈也听之任之。

事实上，很多患龋齿的孩子往往有着对口腔健康不太重视的父母。这些孩子大部分都没有刷牙的习惯，他们很可能在临睡前依然在吃零食、喝牛奶。

这些不良习惯对孩子的生长发育影响巨大。预防儿童龋齿最有效的方法，就是养成良好的口腔卫生习惯。对此，妈妈们应该给孩子制定明确的规定：平时要少吃零食，尤其在睡觉前少吃或不吃甜食，注意口腔的清洁，而且吃后要记得刷牙。

然而很多孩子一到刷牙时间就要赖，尽管你把道理讲了一箩筐，却无济于事，有事后大吼大叫也没用，这让很多妈妈头疼。那么，怎样才能让孩子爱上刷牙呢？

1. 指导孩子从 1 岁时独立漱口

孩子长到 1 岁时，妈妈可以有意识地训练孩子独立漱口，使孩子习惯让水进口而不吞咽这个特殊程序。

2. 教会孩子正确的刷牙方法

孩子有很强的模仿能力，妈妈们每天刷牙的时候，可以让孩子拿着自己的小牙刷站在一旁观摩，在确保安全的情况下，允许孩子把小牙刷伸入口腔中，随意地比划。

当孩子把刷牙的动作学会后，妈妈们就要开始教孩子正确的刷牙方法。正确的刷牙方法是：在牙刷上挤些牙膏，黄豆粒大小就可以，然后沿牙缝由上而下、由下而上地竖刷；上下、内外都是沿着牙根向牙尖刷，牙合面可以横刷；要想达到清洁牙齿的目的，每次刷牙要保证在 3 分钟以上，每个面要刷 15 至 20 次。

3. 使刷牙变得乐趣十足

妈妈们也可以采取一些措施，使刷牙变得乐趣十足。例如，和孩子比赛刷牙速度，并让孩子意识到刷牙不会耽误他太长时间；或者是给孩子使用一些色彩鲜亮、造型有趣的牙刷和造型有趣或带香味的牙膏，使孩子更喜欢刷牙。

值得注意的是，如果孩子的年龄太小，还不懂得如何吐出牙膏沫，妈妈们最好给他们选择无氟牙膏。

4. 确定全家的刷牙时间

可以选择晚上或者周末的某一个时间，带领孩子一起刷牙。让孩子感受到，刷牙并不是对他的特别要求，而是大家都要坚持做的事，是一种良好的生活习惯。

用眼有规矩，保护好孩子的视力

美美原本有双水灵灵的大眼睛，非常好看。然而上小学五年级的时候，她迷上了打游戏和看电视。平时放学回到家，美美做的第一件事就是坐在电脑前玩儿游戏，一玩儿就是好几个小时；或者坐在沙发上看电视，一看就是好几个小时。而且她还喜欢躺在床上看小说，有时候看着看着就进入了梦乡。为此，美美的妈妈多次提醒她，却一点儿用也没有，美美妈妈甚至还大吼着批评过她，可是美美依旧趁妈妈不在家时玩儿游戏，看电视。

有一天，美美在上数学课时突然觉得眼前一片模糊，连老师在黑板上写的字都看不清楚了。几天后，放学回家时，一个邻居从美美对面走来，直到走到她的面前她才看清楚是谁。美美刚想打招呼，邻居就走过去了，这使美美心里很不好受，因为妈妈曾告诉过她，邻居们都说她最近越来越不懂礼貌了，见了熟人也不打招呼。

后来，美美把自己眼睛的情况告诉了妈妈，妈妈带她去医院检查了一下视力。最终，医生确认美美近视了，给她配了一副200度的近视眼镜。她那漂亮的大眼睛被厚厚的镜片遮住了光芒。美美不想戴眼镜，但不戴就看不清楚东西。自己当初为什么不知道爱惜自己的眼睛呢？美美对此懊悔极了。

俗话说“眼睛是心灵的窗户”，一双明亮的眼睛不但好看，而且是孩子健康生活的基础，因为人体从外界获取的信息，大多数是依靠眼睛得来的。然而生活中不爱惜自己眼睛的孩子比比皆是，很多孩子都像美美一样，等近视后才懊恼不已。

大多数孩子之所以近视，是因为没有注意用眼卫生。例如，有的孩子长时间上网、玩游戏、看电视；有的孩子喜欢躺在床上看书，在行驶的车辆内或在走路时读书看报；还有的孩子学习比较用功，眼睛离书本太近，再加上光线不足，不知道休息等原因，时间长了都容易近视。

一旦孩子被确诊为真性近视，其视力就很难再恢复正常了。近视产生的视物模糊、眼睛干涩酸痛、精神难以集中、情绪烦躁以及头晕等现象，会让近视的孩子比视力正常的孩子多付出30%的时间和脑力劳动，在学习上花费更长的时间。给孩子佩戴一副眼镜虽然会让孩子看清楚，但由于孩子爱运动，戴着眼镜多有不便，而且还可能遭到同伴的嘲笑。

因此，妈妈们一定要对孩子的用眼习惯定下规矩，让孩子养成良好的用眼习惯，学会爱惜自己的眼睛。具体应该做到以下几个方面：

1. 给孩子提供舒适的照明环境

妈妈们要注意给孩子提供舒适的照明环境，不要让孩子在太过昏暗的灯光下读书写字。晚上室内如果用25瓦的电灯泡，书本与灯泡的距离应当在1米以内；如果用60瓦的灯泡，书本与灯泡的距离应在1～2米之间。同时，最好能使光线从孩子的左前方投射，这样能够避免暗影。

孩子在白天学习的时候，妈妈们也要注意，不能让孩子在直射的阳光下学习，否则会损伤孩子眼睛内的晶体，时间长了也容易造成近视。

2. 教孩子学做眼保健操

近距离地看东西，一段时间后眼睛都会疲劳，如果不及时休息，眼睛为了适应环境就会主动调解眼轴的长度，再加上睫状肌长时间处于紧张的状态，就很容易形成近视。眼保健操是运用医学中的推拿、穴位按摩等方法，综合而成的预防近视的措施。因此，妈妈们要教孩子经常做眼保健操，从而起到预防近视的作用。

3. 引导孩子正确地看书、学习、玩儿游戏

夏添平时写作业的时候，她总是喜欢趴在桌子上，眼睛几乎贴着书本。

当妈妈发现夏添的这个不良习惯后，立刻给夏添定了规矩：平时做作业时身体要端坐，距桌一拳间隔，眼睛与书的距离保持在30厘米左右，并且半个小时后就要停下来望望远方，或观察一下花草绿树。

一开始夏添还能按照规矩去做，但是妈妈一走开，她就又趴在桌子上了。她只想着赶紧写完作业去看动画片，所以学习一段时间后也不主动休息。

妈妈看到夏添的这种行为后，为防止她的视力下降，只好时刻监督她的一举一动。每当她写作业时，妈妈就坐在她的身旁及时纠正。就这样坚持了一段时间后，夏添养成了正确的用眼习惯，从而避免了戴眼镜的烦恼。

平时，无论妈妈们多忙，都应该关注孩子的用眼行为，一旦发现孩子有不良习惯，就应及时定下规矩。比如禁止孩子长时间地玩游戏、看电视、躺着看书等行为，即使是学习，也要劳逸结合，学习一段时间就要休息一会儿。

4. 多带孩子去做户外运动

国外的一项研究表明，与视力正常或远视的孩子相比，近视的孩子每周户外活动时间平均少3.7小时。室外活动时间每增加1小时可以使患近视的概率降低2%。

这是为什么呢？原来孩子在进行户外活动时，可以花更多的时间眺望远处，或看远处的物体。此外，紫外线能激发大脑释放化学物质多巴胺，进而防止眼球变形。

因此，妈妈们要经常带着孩子去户外做一些运动，这样不但能够起到强身健体的作用，同时也能够预防近视。

告诉孩子，玩具用过后要归位

在引导儿子收拾玩具的问题上，一位妈妈曾向育儿专家这样倾诉她的烦恼：

懂得与他人分享，一直是我儿子的优点之一，然而有时他的这一优点也会给我带来苦恼。因为每当有小朋友来我家时，儿子总会把他所有的玩具都倒出来，与他们一起玩耍。但是玩完之后，孩子们根本不懂得要把玩具收拾起来。于是家里到处都散落着儿子的玩具，我都不知道该从哪里下手来收拾。如果此时我控制不住自己的脾气，大吼着呵斥儿子，委屈的儿子有时候也会辩解道："又不是我一个人搞成这样的！"如果我心平气和地对他说："咱们把玩具分成两份，比赛看谁先收拾完。"碰上他心情好，他就会乖乖地过来和我一起收拾，但要是他当时心情不好，那收拾的工作只能落到我的头上。

物归原处是一种好的生活习惯，可是在我们身边，很多孩子都做不到。玩儿完玩具后，孩子们为什么不会将物品放回原位？这里面有很多原因，也不是妈妈们吼叫着怒斥孩子就能解决的。

有的孩子常常随手乱扔东西，意识不到将物品归于原处，这与妈妈们的教育有很大关系，例如，妈妈们经常替孩子收拾东西，他们便认为乱放也没事，因此缺乏物归原处的意识；有的孩子从小养成了乱放东西的坏习惯，大了自然也很难改掉；有的孩子得到东西很容易，也不懂得珍惜，所以随手乱扔……

用过的东西放回原处，不仅有助于培养孩子思维的有序性，还能让孩子尽早具备社会责任感。因此，在家庭教育中，妈妈们应该有意识地培养孩子物归原处的好习惯。那么，具体应该怎么做呢？

1. 清楚规划收纳空间

妈妈们要提前清楚地规划好收纳空间，并且要让孩子知道，什么东西该放在某个固定的地方。比如跟孩子说："玩具的家在你床下的纸箱子里，你玩完玩具后一定要记着让玩具回到自己的家！"

2. 让孩子学会整理自己的物品和玩具

很多情况下，孩子并非不愿整理，而是根本不知道怎样整理。因此，妈妈们应及早让孩子自己学会整理。一开始，妈妈们可以和孩子一起整理，让孩子知道每件物品和玩具的大概位置。也可以在玩具收纳箱外贴上特定标记，这样就能使孩子更清楚地了解物品摆放的位置。

待孩子适应后，妈妈们可让孩子自己整理和归类。给孩子新添一件物品时，应及时告诉孩子这件东西放在哪里，由他自己拿出来，这样他才知道要放回哪里去，并有意识地保持物品的整洁有序。

3. 多给孩子锻炼的机会

当孩子刚开始把玩具摆放回去时，可能会摆得乱七八糟，妈妈们一定要予以孩子更多的理解、包容和引导，不要因为孩子没放好就大发脾气，应该先鼓励他"放"的动作，然后再要求"放好"。

告诉孩子，不能在家里乱涂乱画

3岁的凡凡特别喜欢画画。凡凡最喜欢画的东西是花，各种各样的花她都会画，而且画得有模有样。妈妈是看在眼里，乐在心上。但是凡凡有一个不好的习惯，就是喜欢到处乱涂乱画，墙上、地板上、沙发上、桌椅上、课本上、床单上，凡是能画的地方，她都不放过。妈妈真是看在眼里，急在心上，该说的话都说了，甚至还对凡凡怒吼过，可是凡凡还是不长记性，依旧对这项活动乐此不疲。

生活中，不少妈妈都有像凡凡妈一样的烦恼。从孩子会自己拿笔的那一天起，他们就喜欢乱涂乱画，这是因为他们此时的表达能力、书写能力都很差，而涂鸦不费事，对孩子来说非常轻松，他们想怎么涂就怎么涂，想怎么画就怎么画。因此，涂鸦成了孩子展露内心世界的一种方式。孩子们心中怎么想的，他们都会在画中表现出来。而孩子除了追求涂抹的结果外，还陶醉在那种宣泄的情绪中。他们能从随意的线条和缤纷的颜色中获得自由和快乐。另外，乱涂乱画还可以发展孩子的想象力、创造力，练习其手腕部位诸多关节与小肌肉群的协调动作。

孩子爱涂鸦，虽然好处多多，但他们的这种行为往往是没有节制、不分场合和地点的。他们只随着自己的心情来“发挥”。

当发现孩子随手涂鸦的时候，妈妈们不要急着怒斥孩子，一定要正确引导孩子。妈妈们可以明确告诉孩子什么地方能画，什么地方不能画。要让孩子明白，画画是一种很好的活动，但是只能在特定的地方画。

妈妈们应该在保护孩子绘画兴趣的基础上，从以下几个方面去引导孩子。

1. 给孩子创造一个宽松的涂鸦环境

为了满足孩子的需要，妈妈们可以在孩子的房间里准备一些纸和笔，放在孩子触手可及的地方；也可以在墙上贴一些整张的大纸或给孩子提供一面贴有瓷砖的墙面，鼓励孩子大胆创作。

涂鸦期的孩子对自己的行为也是比较难控制的，很容易弄脏地板、桌面和自己的衣服，妈妈们不能过分地批评和指责，否则会导致孩子不再对绘画感兴趣。

2. 参与孩子的涂鸦游戏

妈妈们可以参与到孩子的涂鸦游戏中去。这样不仅可以激发孩子的创作热情，而且妈妈们正确的握笔姿势、涂鸦方法也能起到很好的示范、引导作用。

妈妈们在和孩子一起作画时，身体的接触有利于亲子情感的交流；你对孩子的引导，可以帮助孩子拓展思路，激发更多创意，对他们想象力与创造力的提升十分有益；同时，这种交流也能促进孩子语言的发展。

3. 给孩子一定的处罚

如果孩子在不该画的地方画画，除了明确告诉孩子这种行为是错的，即使画得再好也得不到表扬外，还要让孩子接受一定的惩罚，比如让孩子自己擦拭被弄脏的地方。在孩子接受惩罚的过程中，妈妈们可以故意做一些孩子特别喜欢的事情，并且要求孩子一定要接受完处罚后才能参与。

给“小电视迷”制定规矩

这天晚上，妈妈和刚上小学的儿子为了看电视的事情争执了起来。“您不能关掉电视。”儿子大声说，“我有看电视的自由！”妈妈恼了，大吼地斥责儿子：“不许看就是不许看！你已经连续看了4个小时了，现在都已经十点半了，你明天一早还要上学，起不来怎么办！”妈妈一边冲过去关电视，一边对儿子瞪眼睛。儿子大吼道：“不管不管，我就要看！”说着他便倒在地上滚来滚去，同时脚也没闲着，把小板凳踹出老远。看着儿子的无赖样，妈妈也没辙了。

其实，故事中的小男孩并非个例。生活中几乎没有孩子不爱看电视的，电视里的广告、动画片等对孩子有着极大的诱惑力。有的孩子平时总爱大哭大闹，可是一看电视屏幕上丰富多彩的画面，就会立刻转哭为笑。还有的孩子吃饭的时候看电视，上学的前一分钟还在看电视，一到周末，更是一刻不停、目不转睛地盯着电视屏幕，拽也拽不走。如果家长关掉电视，他们就会提出强烈的“抗议”，不仅会大声哭闹、倒地不起、摔东西，甚至还会绝食。

让孩子看电视可以扩大其词汇量，促进其语言发育，但是，长时间看电视不仅会损坏孩子的视力，还会影响孩子的社交能力、阅读能力、独立思考能力和心理发育。另外，长期坐在沙发上看电视，缺少运动，还会使孩子成为“电视土豆”，研究发现：80% 的单纯性肥胖儿童都有一个共同的特点——爱看电视。

因此，当孩子看电视的兴趣远远大于看故事书、听音乐、与人交流时，家长就应该采取相应的措施，让孩子养成良好的看电视习惯，让电视成为孩子的良师益友，而不是伤害孩子身心健康的机器。

对于过度痴迷电视的孩子，妈妈们可以给他制定以下的规矩：

1. 限制看电视的时间

如果不想自己的孩子整天都坐在电视机前，妈妈们最好能够限制孩子看电视的时间。根据美国小儿科医学会的建议，2 岁以下的小孩禁止看电视，至于大一点的孩子，每天看电视的时间不宜超过 2 小时。为此，妈妈们可以这样告诉孩子：“从今天开始，你每天只能看 2 个小时的电视，具体什么时候看，由你自己掌握。但提醒你一点，看电视的时间不能与正常作息时间发生矛盾。”

2. 规定看电视的内容

并非所有的节目都对孩子的成长有益，并非所有的节目都适合孩子的年龄特点，因此妈妈们必须要对孩子所看的内容做出规定。

少儿节目、中小学生节目、动物世界等都对孩子有很好的教育和启发作用。孩子也可以看一些历史故事，但涉及暴力、爱情、惊险的节目最好不要看。

另外，一些商业性较低、公益性较强的频道也是不错的选择。比如中央电视台的儿童频道、科技教育频道等，很多地方电视台也会针对儿童开设相应的频道，妈妈们可以鼓励孩子多看看这样的电视频道。

3. 不能边看电视边吃东西

对于孩子来说，边看电视边吃东西是一种享受，然而长期如此，不仅会加重孩子的消化负担，影响消化功能，还容易养成吃零食的不良习惯。因此，妈妈们要严格规定孩子，不能一边看电视一边吃东西。

4. 不能距离过近

很多孩子看电视总喜欢往前面坐。然而这样做，孩子很难适应电视光线时强时弱、跳跃式的变化，容易造成视觉疲劳，时间长了可引起近视、远视和斜视等。因此，妈妈们要规定孩子在看电视时，应与电视机保持 2.5 ~ 4 米的距离。

5. 要坐姿端正

很多孩子在看电视时，都喜欢歪着身子看，如靠在被子上、躺在父母怀里，这些都是不良的坐姿，容易使孩子未定型的脊柱发生变形与弯曲，因此妈妈们必须要对孩子看电视时的坐姿做出规定。

6. 在看电视的同时动起来

适当的体育运动，能够促进孩子的大脑和心脏发育，特别是那些年龄较小的孩子，经常蹦一蹦、跳一跳，能够增强他们的身体素质。妈妈们不妨让孩子学着电视里的人物“动起来”，在看电视的同时也可以踢踢腿、扭扭腰。

除了让孩子严格地执行以上规矩外，妈妈们也要以身作则，少看电视，更不能将电视变成廉价保姆，只要自己无暇照顾孩子，就把孩子丢给电视。这样做，会促使孩子越来越离不开电视。

对于孩子来说，亲子共同观赏电视节目，才是最好的看电视方式，否则看电视就会成为孩子孤独的游戏。因此，如果有时间，妈妈们应尽可能陪孩子一起看电视。在观赏过程中，你可以随时对节目做出判断，一旦出现不适宜的恐怖、暴力、色情等画面，要及时换台。同时，你也可对节目进行辅助说明，培养孩子正确的价值观，并且增加亲子间的良好互动。

当然，除了看电视这种娱乐方式外，妈妈们一定要观察孩子对什么感兴趣，发掘、培养孩子其他的兴趣爱好，转移孩子在电视上的注意力。

鼓励孩子养成好的运动习惯

对于成长发育中的孩子来说，健康的身体是保证孩子正常学习和生活的前提。运动不仅可以锻炼身体、强健体魄，还有助于促进大脑发育、磨炼意志、增强自信。当下，面对电视、电脑、漫画书的诱惑，运动不足成了很多孩子的通病，“小胖墩”和“豆芽菜”也越来越多。妈妈们要想方设法引导孩子多运动，让他们养成锻炼身体的好习惯。

首先，要让孩子对运动感兴趣，并支持他们的兴趣爱好。很多时候，孩子们不愿意运动的原因就是觉得体育锻炼枯燥乏味。而事实上，体育运动的种类是非常多的，妈妈们一定要拉上爱运动的爸爸，同孩子一起观看不同的体育比赛，一起跑步打球等，发现孩子的兴趣所在。还要量力为孩子的体育活动创造物质条件，比如给他们买乒乓球拍、跳绳、球类等。让孩子把运动当成一件有趣的事来做。

暑假的一天，吃过晚饭，爸爸妈妈带着乾乾外出散步。走到河边的广场，乾乾看到很多同龄人踩着滑板自在地穿行。还有些孩子不时地做出些花样动作来，博得阵阵欢呼声。妈妈见乾乾看得入迷，就问他想不想学一学，乾乾很兴奋地点点头。

第二天，在妈妈的陪同下，乾乾报了一个滑板训练班。一开始，乾乾还信心满满，但摔了几次跟头后，他就打起了退堂鼓。这时，妈妈鼓励他："摔跤是每个人都必经的阶段。你刚学走路的时候不也经常摔跤吗，可现在走得多稳。妈妈相信你，别人能做到的，你也一定行！"

一个假期过去了，乾乾终于成功了。每个晚上，都能在广场见到他快乐的身影。原本内向的他变得开朗起来，在学习上也比原来更用功了。

鼓励孩子运动，不一定局限在跑步、踢球等常规项目上，还有很多运动项目可以让孩子乐在其中。只有孩子热爱运动，才能坚持下去，把一时的兴趣转化为稳定的运动习惯。

其次，可以用集体运动的方式，让孩子在相互竞争和监督中保持运动的激情。

小海是个小胖墩，妈妈想让他通过运动来减肥，可他对运动提不起一点兴趣。

一次偶然的机会，小海妈妈认识了一位做乒乓球教练的母亲。原来她也在为自己的儿子不爱运动而苦恼。小海妈妈提议让两个男孩一起运动，也许这样会促进他们的积极性。不出所料，两个男孩凑在一起踢球、跑步，玩得很开心。

半年过去了，孩子们都变得强壮了，运动技能也提高了。每次运动，小海都很主动，再也不用妈妈督促了。

需要注意的是，进行体育锻炼要讲究科学。孩子尚处于发育阶段，妈妈们不要让孩子超负荷地运动。开始时要避免长跑、打篮球、踢足球等剧烈的运动项目，这些运动消耗能量较多，不利于孩子肌肉、骨骼的生长。应以锻炼平衡性、柔软性和灵巧性的运动为主，比如游泳、打乒乓球、骑自行车等。随着年龄的增长，当孩子的身体素质得到改善，就可以参加其他大运动量的运动了。

让孩子的穿着打扮更"规矩"些

刚上初二的彤彤不顾学校规定，烫起了成熟的卷发，还做了挑染。她佩戴着与身份不符的首饰，穿着鲜艳的紧身裙，踩着十几厘米的高跟鞋在校园里招摇过市。老师劝说无效，找来了彤彤的妈妈。然而她的妈妈也已经无数次地吼着训斥过她了，却收效甚微。在彤彤看来，她的穿着风格不仅没有什么不妥，反而是个性时尚的表现，妈妈和老师有些小题大做了。

在现实生活中，许多妈妈都会遇到彤彤妈妈那样的难题。孩子常常通过一些奇怪的打扮来显示自己的与众不同，让自己在学校里看起来更潮一些。还有很多孩子为了标新立异、张扬自己的个性，穿着正式的礼服参加非正式场合的活动；穿着便装出席正式的场合；穿着有大窟窿小裂缝的牛仔裤满世界乱跑……

孩子们的这些非主流的穿着打扮，在大人看来是一点规矩也没有。而大人觉得得体的着装，在孩子们看来却"土得要命"。关于孩子的着装问题，妈妈们和孩子似乎总是持不同的意见。

如果孩子总是奇装异服，完全不符合他们学生的身份，妈妈们应该及早给孩子制定规矩，要坚决拒绝孩子的不得体装扮，同时也应该细心观察孩子的内在需求和个性特质，以客观的态度去理解孩子、尊重孩子。那么，具体应该怎么做呢？

1. 给孩子制定一些穿衣规矩

妈妈们有义务严格规范孩子的着装，就孩子的穿衣问题制定一些规矩。例如，衣服必须合身、端庄、大方、干净整洁、没有破洞、不花里胡哨、与自己的年龄及身份相配、与季节和天气的变化相适应、与出席的场合气氛相符合等等。

2. 巧妙地让孩子配合你

在孩子因为穿着问题与你发生正面冲突之前，你最好想出一个简便而有效的方法，让孩子能够配合自己。

首先，你可以在出席某种场合的前几天，通知孩子，让他有一定的时间接受你的建议，例如“下周六我们要去乡下看望你的爷爷奶奶，你最好能穿上奶奶给你买的那套衣服”；其次，家长可以找出两件衣服，让孩子自主选择，孩子要么选这个，要么选那个，必须在这两者之中选择一个，例如“参加小姨婚礼的时候，你可以穿她送给你的那件白色的背带裙，也可以穿那件黄色的连衣裙，你想穿哪一件”；最后，你还可以用某件东西或某件事作奖励，刺激孩子积极配合你，例如“如果你今天穿上那件粉红色的上衣，那么我就给你买一条和衣服相配的短裙”。

3. 适当尊重孩子的选择

对于年纪稍大的孩子，妈妈们在他的穿衣打扮这个问题上应尽量征求他的意见。例如“你的姑妈将于后天晚上举行生日宴会，我希望出席宴会的你看上去又体面又可爱，你觉得你应该穿什么衣服呢？”

需要注意的是，你要做的是询问孩子的想法，而不是告诉孩子应该怎么做。这样，孩子会在无形中感受到家长对自己的信任。在他举棋不定时，他会请你帮他做出选择。

Part 4

撤开手，孩子反而能很好地自理

放手，而不是代替

一位母亲的儿子已经大学毕业，并且工作了一段时间，可这位母亲并没有因此而清闲下来，反而更加操劳了。面对不争气的儿子，她曾一度生气地大吼大叫，可是在看到儿子无助的眼神时，就又一次次地给予儿子无私的帮助。

这位母亲认为自己已经做得很好了，可儿子这么大了，在遇到问题后依旧不会处理，为此她伤透了心。心灰意冷下，她去找心理医生。医生问：“当你的儿子第一次系鞋带时，打了个死结，你是不是怒吼着批评了他，并从此之后再也不给他买带鞋带的鞋子了？”母亲点点头。

医生又问：“当你的儿子第一次刷碗时，打碎了一只碗，你是不是吼他了，从此之后再也没让他刷过碗？”母亲又点点头。

医生接着问：“当你的儿子第一次整理自己的床铺时，用了很长时间，你是不是指责了他，从此一直替他叠被子？”母亲惊奇地看了医生一眼。

医生继续说下去：“儿子大学毕业了，你怕他找不到工作，虽然臭骂了他一顿，但你还是找关系给他找了一份好工作……”

这位母亲更惊愕了，从椅子上站了起问："这些你是怎么知道的？"

"从那根鞋带知道的。"医生说。

母亲忧心地问："那我以后该怎么办才好？"

医生回答她说："他生病的时候，你最好带他去医院；他要结婚的时候，你最好先给他买好房子；他没有钱的时候，你最好及时把钱给他送过去。这是你今后最好的选择，别的，我也无能为力。"

故事中的母亲培养孩子的方法过于极端，她只会大声批评孩子，却在之后帮孩子将问题摆平，或者让孩子避免再次遇到同样的问题，而没有让孩子在一次次挫败中明白自己怎样才能做好。不肯放手让儿子自立，让儿子最终成为了"母爱"的牺牲品。其实，这种现象在我们身边比比皆是。一项调查表明，我国高中生近五成从不倒垃圾、不扫地，六成起床不叠被，七成不洗碗、不洗衣服，九成从不做饭，有些高中生甚至连整理书包都要由家长代劳。为什么会出现这种现象？原因就是有太多的保姆式家长存在。孩子已到了可以掌握基本生活技能的年纪，而妈妈们却因为孩子做不好或嫌孩子动作慢而指责孩子，甚至拒绝让孩子自己动手，认为自己代做省心又省力；还有一些妈妈认为孩子还小，有些事等到长大以后自然就会了。殊不知，长此以往，孩子不仅失去了亲身体验的机会，还丧失了动手的基本能力。更重要的是，在妈妈们长期的"保护"下，孩子变得什么都懒得去做，因为在他们的头脑中，妈妈会为自己安排好一切的想法已经根深蒂固了。

任何一位母亲都不可能包办孩子的一生。孩子的将来，包括学习、工作以及事业的成功，都要靠他们自己去闯、去努力、去奋斗。而这一切，没有自立自强的意识和精神，是很难取得满意的结果的。从某种意义上说，妈妈们每为孩子代劳一件事，孩子在这个社会中的竞争力就减弱一分。所以做妈妈的一定要懂得适时放手，多给孩子一些锻炼的机会，帮助他们更好地成长。

孩子的事情尽量让孩子自己做

在中国，一位13岁考上大学、17岁进入研究所硕博连读的“神童”，在读高中时还要妈妈喂饭，上了大学也要妈妈陪读，甚至帮自己洗头，只要他分神做别的事情，妈妈就会大声制止。妈妈告诉他，他的全部任务就是学习，所以他忽略了其他一切“琐事”，包括与同学的交往。

读研究生期间，他觉得自己长大了，执意不要妈妈陪读，却发现自己没有办法安排学习和生活，连吃饭都需要教授提醒，冬天也不知道多加件衣服，竟穿着单衣、趿拉着拖鞋去逛天安门。因为他只管埋头读书，从不与人交往，考试时间变了也浑然不知，就连硕士毕业论文提交的时间他都错过了。3年后，他收到了学校的“肄业通知书”，被劝退回家。他的妈妈没想到自己的孩子会这么“没用”，生气地怒骂孩子，可是看着孩子无辜的眼神，她这才开始反思自己的教育方式。

在生活中，有很多妈妈们都恨不得像这位“神童”的妈妈一样，对孩子事无巨细，唯恐照顾不周，而当孩子步入社会，面对种种的难题与挑战，选择放弃或者回家继续依靠父母生活时，妈妈们又会批评孩子的不争气。

众所周知，在国外，孩子满十八岁后就要自己养活自己了，而在中国，很多孩子哪怕是已经结婚成家，还要接着“啃老”。比起外国父母，中国的家长好像更有责任感，但这样做是否合适呢？在一次征文比赛中，一个中学生写的文章《“懒”妈妈》获得了一等奖，妈妈们不妨学一学。

我的妈妈很“懒”。小时候，我走路不稳，动不动就跌倒。每次我哭着要妈妈把我扶起来，她都不会动手，而是用鼓励的目光看着我：好孩子，自己爬起来！我的运动鞋脏了，妈妈不但不给我刷，爸爸要帮忙时，妈妈还阻拦说：“让他自己刷吧。”我只好硬着头皮自己刷。我看课外书时遇到不认识的字，去问妈妈。她不告诉我，却对我说：“你去查字典吧。”我做作业的时候有数学题不会做，求妈妈帮我。妈妈也不告诉我该怎么做，只是对我说：“你先搞清楚已知条件和未知条件的关系吧。”

我小时候很喜欢玩玩具，长大了，又喜欢上了拆玩具。我想方设法把各种玩具拆开，想要看看为什么玩具狗会叫，为什么汽车模型能跑。结果常常是拆坏得多，装好得少。妈妈知道了，一点也不生气，还和爸爸一起指导我重新把玩具组装好。

爷爷喜欢听收音机。一天，他问我：“怎么刚换了电池的收音机不响了？”我说：“可能是出毛病了。”妈妈听到了，就让我试着修理，还给我找来了万用表。我按着收音机安装线路图反复查找，终于找出了毛病，修好了收音机，心里美得不得了。

妈妈懒得管的那些事，懒得告诉我的那些事，我都自己学会了。

我的懒妈妈啊！您的苦心，我终于明白了。

也许这个男孩最初对妈妈的“懒”还有些抱怨，但当他学会了本领、增长了知识，也就理解了“懒”妈妈的良苦用心。

儿童时期，很多孩子凡事都喜欢说“我能”“我自己来”，妈妈们要珍视孩子的这种独立愿望，抓住这个关键期，鼓励、引导孩子做些力所能及的事情，让孩子不断尝试着学会独立。具体来讲，妈妈们可以这样引导孩子：

1. 鼓励孩子去做自己想做的事

孩子喜欢实践，喜欢尝试，喜欢在这些过程中得到思考和创造的乐趣，并从中收获成功的喜悦，个人能力也因此得到提升。妈妈们与其对孩子的尝试行为加以阻拦，不如在保证孩子安全的前提下，告诉孩子“不妨试试看”。

2. 要求孩子去做自己能做的事

只要是孩子自己能够做的事，妈妈们就一定要让他尽量多地去做。自己穿脱衣服、系鞋带、大小便、剪指甲、洗袜子、洗手、洗脸……这些事情看似很小，却是培养孩子独立性的重要内容。只有从小培养孩子“自己的事情自己做”的独立意识，由易到难、循序渐进地提出要求并进行引导，才能使孩子尽早学会独立。如果在孩子小的时候家长不要求，孩子就会逐渐形成依赖性，缺少独立生活的勇气和能力。

3. 引导孩子学做自己不会的事

谁都不是生下来就会做事的，无论什么事，都要亲自做一下才能学会。孩子第一次自己吃饭，第一次独立入睡，第一次学洗脸……这些在成人看来不值一提的小事，对孩子独立意识和能力的培养却有着关键作用。妈妈们一定要积极地鼓励孩子大胆尝试自己没有做过的事，要经常对孩子说：“我相信你，你能行！”

当孩子遇到困难或挫折时，妈妈们要注意鼓励、支持和引导孩子，不能打击孩子的独立愿望，或者包办代替，从而使孩子失去宝贵的锻炼机会。

4. 督促孩子坚持做能做的事

孩子的独立性不是一两天就能形成的，也不是孩子能够独立地做几件事就表示孩子有了独立性。独立性的培养是一个长期的、不断内化的过程，需要妈妈们对孩子进行反复的强化和持之以恒的引导。因此，当孩子已经掌握某项技能或能够独立完成某件事时，你一定要督促孩子不断坚持、反复练习，最后养成习惯。

让孩子自己面对问题

我国著名教育学家陈鹤琴先生曾说过：“凡儿童自己能做的，应该由他自己做；凡儿童自己能想的，应该由他自己想。”这是一条符合教育规律的至理名言，同时也是好妈妈不吼不叫培养孩子的方法之一。妈妈们所要做的，就是在孩子遇到困难时给他提供帮助，而不是立刻吼叫制止，或者接手代劳。因为放手让孩子去做，孩子的独立性、动手能力和解决问题的能力都将得到锻炼。另外，这样做也有利于孩子责任感、自信心和良好个性品质的形成。

初然的爸爸妈妈都是建筑师，因为工作繁忙，他们直到快40岁才决定要一个孩子。姗姗来迟的初然因此被他们视作掌上明珠。虽然很疼爱初然，但他们对初然的宠爱却充满了理性。从初然很小的时候开始，他们就有意识地培养她自己动手的能力。

初然学走路的时候经常摔跤，每次倒在地上的小初然眼巴巴地看着妈妈时，妈妈都会说：“然然自己能站起来的，是不是？”看到初然站起来了，妈妈又会说：

“然然真棒！”

等到初然3岁的时候，每次全家一起出去玩，妈妈都会让她背上为她准备的小背包，里面放着她的手绢和水瓶。

一天，爸爸妈妈带着4岁的初然去朋友家做客。告辞的时候，他们在门口换鞋，发现朋友家养的小狗把初然的鞋带弄丢了。

“我女儿的脚比然然的大不了多少，她有双新鞋一直没穿过，然然穿它走可以吗？”朋友夫妇热情地帮忙。听到朋友的建议，一直没说话的初然妈妈婉言回绝道：“这是她自己的事，让她自己处理吧。”

这时，一直蹲在地上研究鞋子的初然把头上的橡皮筋摘了下来，对着鞋比划了一下。虽然动作有些笨拙，但不慌不忙的她还是牢牢地把橡皮筋缠在了鞋上。这么一弄，鞋又可以穿啦！

“然然真棒！”爸爸妈妈不由得称赞她。朋友夫妇看到这一幕，想到自己衣来伸手、饭来张口的女儿，不由得有些脸红。

不能不说，初然父母培养孩子的方式非常值得借鉴。在他们的培养下，初然从小就有自己处理问题的机会，也养成了独自解决问题的能力。聪明的妈妈们一定要多加学习，对孩子从小就进行自立教育。不要怕孩子吃苦，更不要怕孩子做不好，谁都不是生下来就会做事的，无论什么事，都要亲自做一下才能学会。而且孩子第一次做事时难免会出现一些情况，这时候你绝对不能强硬地阻止他们，要让孩子真正地独自处理问题。孩子只要做成一件事，就有兴趣和信心做成第二件事。成功的次数多了，自信心也就建立起来了。妈妈们要毫不动摇地坚持一条原则——只要是孩子力所能及，并且应该由孩子自己去完成的事情，一定要让他自己去做。

田天暑假报名参加了在西双版纳举办的夏令营。他是这届夏令营里年龄最小的同学。组织活动的老师和田天的家长都问他是否需要帮忙，他骄傲地回答：“我自己能行！”

出发前，妈妈检查了田天的行李，发现他忘了拿热带雨林里宿营必备的一样——蚊帐。但她什么也没说，只是嘱咐田天听从夏令营老师的指导和安排。

两周后，田天回到家。妈妈问他：“在夏令营玩得开心吗？有什么收获呢？”田天回答：“那里到了晚上到处都是蚊子，咬一口就是一个大大的红疱。可我忘了带蚊帐，根本没办法睡觉。还好老师帮了我，没过多久就给我送了一顶……”

其实，妈妈在发现田天没有带蚊帐后，早就提前告诉了领队老师。

孩子独立处理问题，遇到挫折和失败的时候，才是家长教育他的最好契机。田天的妈妈也选择利用这个机会这样教导他：

“在西双版纳的热带雨林里过夜，当然和在家里不一样。你为什么不事先了解一些关于热带雨林的知识呢？这是必要的准备工作呀。还有，为什么不把老师和家长的叮嘱当一回事呢？如果……你想想还会犯同样的错误吗？”

接下来，田天的妈妈更进一步“挖掘”下去，启发他：“条件允许的话，明年暑假，我们全家去新疆旅游。在这之前，你会做哪些准备工作呢？”

如果妈妈对田天事无巨细地照顾，替他准备好参加夏令营所需要的全部东西，那就降低了他对问题的处理能力和对失败的感悟，所以她让田天在挫折和失败中汲取经验教训，在不断改进中积累勇气和智慧。

在日常学习和生活中，每个孩子都会遇到一些大大小小的问题。家长不要因为孩子笨手笨脚耽误时间，或是怕孩子承受不了失败的打击而包办代替，要给他足够的时间去思考和探索，只有这样，孩子才能逐渐强大起来。

给孩子一个自主尝试的机会

一天，鲁鲁因为好奇心发作，想“鉴定”一下瓷碗究竟是不是那么容易碎，竟当着妈妈的面拿了一只碗往地上摔。妈妈没有对鲁鲁发火，而是让他把地上的碎片清理干净，并且让他记住瓷器易碎的常识。后来，鲁鲁从瓷器易碎联想到同样易碎的还有眼镜、玻璃杯和穿衣镜等，在使用这类物品的时候，他知道要轻拿轻放，从此再也没有摔碎过任何东西。

孩子是正在发展中的人，自主尝试的活动有助于他们的成长。而家长需要做的，就是在孩子的不断尝试中，帮助他们把不利的、错误的因素转化为积极的、合理的因素，多给他们“尝试——犯错——完善”的机会。

孩子亲自实践和尝试，不仅能得到思考和创造的乐趣，还能从中收获成功的喜悦，他的个人能力也能因此而得到成长。所以，好妈妈在保证孩子安全的前提下，不会对孩子看似冒险的尝试行为进行阻拦，而是会告诉孩子“不妨试试看”。

一天，阿弟和妈妈去乡下的外婆家玩。看到外婆家院子里高大的杨树，他跃跃欲试，想爬上去，于是向妈妈请示。妈妈看了看那棵树，对阿弟说：“去吧！”

之后，妈妈开始用心观察着阿弟的一举一动。阿弟先是绕着树走了一圈，又在树下仔细看了一会儿，接着就开始笨拙地慢慢向上爬。好不容易爬上树的主干，阿弟却用脚去踩一条很细的枝干。眼看细枝干就要被踩断，妈妈差点喊了出来，她跑过去准备接住马上就要从树上掉下来的儿子，没想到，阿弟却忽然对那条细枝干失去了兴趣，又继续沿着主干向上爬……

待玩累的阿弟兴高采烈地爬下来，跑回妈妈身边时，妈妈一本正经地问他：“爬树前，你为什么在树下犹豫了那么久呢？”

“我在考察‘地形’啊，看看从哪个方向爬最容易。”阿弟认真地说。

“可你刚才差点踩断一条小树枝，从树上掉下来呀。”妈妈说。

“哎呀，妈妈，我只是想试试那条树枝结不结实，才不会真去踩它呢。”阿弟得意地说。

阿弟在爬树的过程中，不仅学会了观察，还收获了其他知识。如果阿弟的妈妈因为担心而对阿弟的危险行为强行阻拦，那么阿弟就丧失了这次尝试的机会。假设他真的掉下来了，妈妈就在树下，一定不会有危险。这是孩子自己的选择，下次他就会知道怎样才能不掉下来。所以，想要孩子自理的妈妈们要多给孩子一些自主尝试的机会，将你的过度担心收起来，你会发现，孩子收获的不仅仅是自由。

孩子有自主尝试的要求，妈妈们就要给予孩子充分的信任和自主权，让孩子自己去体验尝试的喜悦，而且要坚信他能够做到。孩子还有很强的好奇心，对自己认为新鲜的事物都跃跃欲试，对于孩子的一些奇怪行为，妈妈们不要强行制止，而应该加以鼓励，因为这是他们探索世界、积累知识的开端。

有意识地让孩子吃点苦

从孩子的成长规律看，儿童和少年时期是人生的基础阶段，妈妈们有意识地创造一些条件，对孩子开展吃苦教育，是非常重要和必要的。可以说，不让孩子吃苦的教育是不完整的教育，也是不负责任的教育。

读完高一，媛媛就如愿以偿地到了美国。然而，2年过去了，在花费了30多万元的学费和生活费后，媛媛又选择了回国，因为她的语言一直不过关，无法申请更高一级的学校。媛媛语言不过关的主要根源是她不想吃苦，她原以为在不是应试教育的美国随便学学就可以毕业，可没有语言支撑，她无法融入美国社会，也无法与同学交流，而要学好语言，就要掌握一定的词汇量。媛媛像逃避高考一样逃避着学英语，除了上课，她每天都把自己关在房间，吃着零食和国内的朋友在网上聊天。2年后，当媛媛再次在申请高一级的学校时失败了，父母斥责了她，并且将她接回国内。而此时，她在国内的同学大多已经考上了大学。

媛媛的情况在国内很普遍，家长漠视孩子逃避吃苦的行为，而在孩子屡次失败后怒其不争，这样培养孩子的方式本身就是错误的。

屠格涅夫曾说：“你想成为幸福的人吗？那么首先要学会吃苦。能吃苦的人，一切的不幸都可以忍受，天下没有跳不出的困境。”人的一生总会遇到这样那样的艰难困苦和曲折坎坷，但如果一直在父母的庇护下成长，不经风浪，不谙世事，长大后根本不可能独自面对外面世界的风风雨雨。

社会竞争，是知识和智能的较量，更是意志和毅力的较量，没有吃苦的精神和能力，是无法在激烈的竞争中获胜的。妈妈们有意识地让孩子吃点苦，能磨砺他们的意志，升华他们的人生境界，增强他们的生存本领。

那么，妈妈们怎样对孩子进行适度的吃苦教育呢？

1. 可以让孩子“劳累”一点

妈妈们可以让孩子学习一些简单的家务，这能让他们在增加生存技能的同时，也对你平日的辛劳有所体悟。

2. 有意为孩子设置一些障碍

妈妈们不妨在日常的生活和学习中，有意识地设置一些困难和障碍，培养孩子的抗挫折能力，让他们知道，任何成功的取得都需要与困难相较量。

3. 对孩子进行适当的批评和管束

无规矩不成方圆，孩子做错了事，父母不要找借口，不能放纵，该批评就批评，而且可以严厉些，让孩子清醒地认识到后果。这样做他们当然不会感到愉快，但久而久之，却能明辨是非，知道什么能做，什么不能做。

总之，逆境造人。做妈妈的应该让孩子经历一些苦难，这有助于孩子身心的健康发展。需要注意的是，吃苦教育要循序渐进，设置的障碍应该是孩子付出努力就可以承受的。对于孩子的一些不良情绪反应，你要有所准备：一般的情绪反应，可以不予理会，让孩子自己去体验，然后振作；如果孩子反应过度，妈妈们则要给予温情的鼓励和必要的心理支持，让他摆脱伤心、失望的情绪，及时树立信心。

不人云亦云，培养孩子的独立意识

一次，美国电视节目主持人比尔问一个小女孩：“你长大以后想做什么？”小女孩很自信地回答他：“做总统。”观众皆哗然。比尔边做了个滑稽的吃惊表情边说：“可美国至今也没有女总统啊。”女孩回答他：“那是因为男人不投女人的票。”全场一片笑声。

比尔接着问：“你肯定是因为男人不投女人的票吗？”女孩不屑地说：“当然肯定。”比尔意味深长地笑了，面向全场观众说：“在场肯为她投票的男士请举手。”随着笑声，不少男士举起了手。

比尔得意地对女孩说：“你看，有不少男士肯为你投票呀。”女孩不为所动，淡淡地说：“还不到三分之一。”比尔做出不相信的样子，又对观众说道：“请在场的所有男士把手举起来。”言下之意，不举手的就不是男人。这回哪还有男人“敢”不举手呢。哄堂大笑中，男士的手都举了起来。女孩脸上却露出了一丝轻蔑的笑意：“他们并不诚实，心里其实并不愿意投我的票。”

女孩的话让在场的许多人目瞪口呆，随后一片响亮的掌声响了起来。

这个孩子在没有任何人提示或帮助的情况下，凭借自己的思考和判断，对主持人的提问从容作答，而内容也足以让在场的很多成年人惊叹。孩子表现出的主见正是许多中国孩子所欠缺的。

生活中，不止孩子，很多成人身上也有从众心理，说话办事喜欢随大流。有些人即使有不同意见或是新的见解，也因为怕不被理解、遭到反对而缄默不语。虽然人云亦云能够有效避免犯错的风险，但一味地盲从别人，就会让人变得懒惰，扼杀自己的独立意识。在前进的道路上，用约定俗成的标准要求自己很容易让人失去自我，更谈不上得到成功。

那么，妈妈们该怎样培养孩子的独立意识和判断能力，不让孩子人云亦云呢?

首先，可以让孩子参与到家庭决策中来。在日常生活中，妈妈们要给孩子发表意见的机会。在商量某个家庭决策的时候，妈妈们可以有意识地征询孩子的意见。当孩子说出自己的看法，妈妈们要及时给予反馈。孩子的建议有道理的话可以采纳；有考虑不周的地方，妈妈们也要给他们讲明有哪些地方需要完善；如果毫无参考价值，可能是孩子对这件事的理解不够，家长可以对孩子进行专门的指导教育。这有助于孩子的思维向全面性和理智性发展。

需要注意的是，妈妈们要把孩子当做一个真正的商量对象来进行沟通，而不是带着一种可有可无的心态对待孩子的意见。

其次，要鼓励孩子大胆质疑。妈妈们要告诉孩子：世界上没有无所不知、无所不能的人，不要盲目迷信权威，不要因为顺从而轻易否定自己的观点。

鼓励孩子大胆质疑权威能够增强孩子学习的主动性，对他们的能力也是一种肯定。同时，孩子也能学会在关键时刻坚持自己的正确意见，不随波逐流。

不同的性格特征会造就不同的人生，很多孩子的性格是家长们根据自己的意愿塑造而成的。作为家长，不能强化孩子“你是一个没主见的人”这种观念，要尊重孩子的想法，将他们培养成有独立见解的人。

加强孩子的自我保护意识

自我保护意识是一个人在社会中保护自己的最基本的能力，是孩子作为一个独立自主的、有生存能力的个体的基本保障。加强对孩子的安全教育，提高未成年人的自我保护意识和能力，减少意外伤害，是家长义不容辞的责任。然而现实生活中，很多妈妈们的做法却有待商榷。

比如有的妈妈对自己的子女疼爱有加，时刻担心他们受到伤害，不但上学放学要亲自接送；放学后还禁止孩子出门和小伙伴玩；家用电器、炉具等一律不让孩子接触；孩子一旦伸手去做妈妈定义的危险事情，妈妈就会愤怒地制止。但这样做只能确保孩子在你视线范围内是安全的，一旦你不在身边，孩子如何来保障自身的安全呢？所以从根本上来说，你的这些举措不会起到理想的培养孩子的效果。

由于父母有急事当天没法回家，一个小女孩不知所措地在家门口一直等待。幸好隔壁邻居发现了她，并把她带回家中。后来，邻居说，小女孩的妈妈在门上贴着纸条，让她回来后去姑姑家。然而小女孩却没看纸条，只一门心思地守在门口，甚至都想不到要去邻居家或给姑姑打电话。如果不是邻居发现了她，她可能会在门外待一个晚上，说不定还会发生更加危险的事情呢。

这么简单的自我保护方法都不知道，真让人觉得有点心痛。由此可见，整天把孩子关在“囚笼”里，让孩子脱离真实的生活，并不是好妈妈应该做的。“授人以鱼，不如授人以渔”，千般呵护，不如自护。好妈妈应该在适当的保护下，从小向孩子灌输自我保护意识，培养孩子的自我保护能力。让孩子走出温室，才更有利于孩子的健康发展，因为即使父母不在身边，自我保护意识强的孩子也可以很好地保护自己不受到伤害。因为他们可以分辨出社会上哪些现象是安全的，哪些是不安全的，遇到对自己不利的情况，也能够冷静、机智、勇敢地去应对。

9岁的莎莎放学后独自回家，半路上被一个中年妇女拦住，她声称自己是莎莎母亲的同事。“你妈今天工作特别忙，就拜托我来接你回家，我的车停在那里，咱们赶快上车吧。”她一边说，一边急切地想把莎莎抱起来。

由于父母告诉过莎莎，社会上时常有拐卖儿童案件发生，并教给了她一些应对措施，所以莎莎并没有轻信这个人的话，而是边后退边问道：“既然你是我妈的同事，那我问你，我妈妈叫什么名字？”妇女一时张口结舌，不知该怎么回答。见此情景，莎莎急忙转身向附近的同学呼救，并跑了过去。那个妇女只好慌张地逃走了。

故事中的莎莎是一个自我保护能力很强的孩子，但这种能力不是天生的，而是来自父母的后天教育。妈妈们应该从哪几方面入手，让孩子学会自我保护呢?

1. 培养孩子良好的生活习惯

良好的生活习惯与自我保护教育是相辅相成的。如：鞋带系得牢固可防止跌倒摔伤，热汤热水吹一吹再喝可防止烫伤，吃饭不说笑打闹可防止异物进入气管，走路时手不插兜可防止身体失衡而摔伤等等。这些都是日常生活中的常见问题，妈妈们要反复强调，长期坚持，使孩子养成良好的生活习惯，进而达到自我保护的目的。

2. 教给孩子家庭安全知识

妈妈平时要从一点一滴做起，教给孩子有关水、火、电的安全知识，提高孩子的安全意识。如：随手关水龙头，不要触摸电线和开关，一旦有煤气泄漏，应马上关闭煤气总开关，并打开门窗通风，绝不可在此时开关任何电器，以免引发火灾；手不要放进正在转动的电扇里，以免被打伤；发生火灾时，用湿布捂鼻子逃离现场等。

对于生活中不会轻易遇到的安全隐患，妈妈们可以通过讲故事、做游戏、收看电视新闻等方式让孩子得到启发，一旦遇到此类问题，孩子便可以从容应对。

3. 教给孩子发生意外时的应急措施

让孩子懂得应急措施是非常有必要的，比如遇到意外，要学会拨打紧急电话，如匪警 110、火警 119、急救 120 等；懂得一些基本的医学常识，如急救的方法等。

4. 教给孩子防拐骗的知识

在现实生活中，孩子因听信他人的谎话或受到物质引诱而造成走失或被拐骗的事件时有发生，因此妈妈们应教给孩子防走失、防拐骗等自我保护的技能，如：上学放学尽量走大路，少走僻静小路；不接受陌生人的玩具、食品；不与陌生人交谈，不搭陌生人的便车；一旦被陌生人带走，要大声呼喊求救；熟记自己的家庭住址、电话号码以及家长姓名、工作单位名称、地址、电话号码等；与父母走散时，会寻求民警的帮助；独自在家时，有人敲门，应首先从门镜观察或隔门问清楚来人的身份，如果是陌生人就别开门等等。

5. 教给孩子交通安全知识

由于孩子缺乏交通安全意识及应急应变能力，就很容易成为交通事故的受害者，所以妈妈们要教给孩子交通安全知识，如：不在马路上玩耍，不横穿马路，过马路时走人行横道，按红绿灯指示行走；乘坐汽车时依次上车，扶好车把手；不把手伸向车外等。

Part 5

引导孩子的学习行为，而不是奖励

不做孩子学习的监工

自从孩子进入校园，甚至从更早开始，很多妈妈就开始了“监工”生活，天天都要陪着孩子做功课，孩子稍一走神就会对孩子大声批评。这样的行为看似是关心孩子，实则不然，妈妈们这样做不但彻底放弃了自己晚上的闲暇时间，而且对孩子来讲也是有百害而无一利的。

毕业于一所名牌大学的她是个完美主义者，人长得漂亮，工作也很出色。中年得子的她爱子如命，儿子还没出生，她就研究了大量家教方面的书；儿子还在襁褓中，她就每天读唐诗宋词给孩子听；儿子刚学说话，她就每天用英汉两种语言和儿子说话。儿子聪明伶俐，这让她很欣慰。

一家心理研究所去儿子的幼儿园采集数据，对幼儿园的孩子进行了智商测试。后来，园长偷偷把本该保密的结果告诉了她，说她的儿子是全园第一名。这让她觉得自己是个成功的家长，于是她更加坚信了自己想要倾尽全力培养出一个出色的孩子，甚至是神童的信念。所以，除了工作，她几乎将全部的时间和精力都投入到了孩子的教育上，大到孩子的吐字发音，小到孩子的握笔姿势，她都要认真指导。一旦发现孩子哪里做得不到位，她就马上指出来，并让孩子改正。如果孩子重复犯同一个错误，她就会大声批评孩子，甚至用打孩子手背的方式让孩子加深印象。她自信在这样严格的要求下培养出的孩子一定会越来越完美。

平时，哪怕是在家里招待朋友，她的心也要大部分放在孩子身上，和朋友交谈时，她还会不时地告诉孩子："你的手没擦干，再去擦一下。""别戴那顶帽子，和你的衣服搭配起来不好看。""写作业的时间到了，认真做，做完我要检查。"她教育孩子几乎到了事无巨细的地步，可孩子的表现却越来越差。

孩子刚上小学时，是班里的前三名；可孩子小学毕业时，成了班里倒数十名之一；孩子上了初中后，各方面仍毫无起色，即使是从小就开始学的英语，成绩也很差。现在，从孩子身上不但看不到一点高智商的痕迹，反而能明显感觉到孩子性格上的缺陷——内向、不听话、胆小懦弱。她实在是想不通，怎么自己呕心沥血培养出的儿子成了现在这副模样。

这个孩子到底怎么了，问题出在哪里？事实上，问题正出在这位妈妈身上。这位妈妈在孩子面前一直扮演着一个权威管制者的角色，她对孩子干涉太多、管得太严太细，完全用"监视"和"指令"代替了与孩子的正常交流和互动。种种做法让孩子感到做什么事都不自由，做什么都不能让妈妈满意，所以烦躁、不知所措的他才会慢慢变得不听话、不自信、缺乏自控力。

其实妈妈们做"监工"极容易使孩子产生依赖心理，懒得动脑筋。时间久了，还容易让孩子产生一种无力感，对自我管理极为不自信，只好求助于外部力量来约束自己。一旦你因为某种原因不得不从"监工"的角色中抽身，已经形成依赖心理的孩子就会感到茫然不知所措。另一方面，那些不断来自妈妈的"认真点""头抬起来""抓紧时间"之类的提醒对一些孩子来说，所能发挥的效力会随着时间的推移而逐渐降低，孩子会变得越来越不耐烦，以致开始在情绪上和你对立。

10岁的小洁勤奋好学，又爱动脑筋，考试成绩科科满分。平时，小洁的爸爸妈妈从来不看着小洁学习，也从不检查小洁的作业本。他们将责任和自由都还给小洁。小洁还没上小学的时候，他们就向小洁传递了这样一种思想——学习是自己的事，将来有没有出息也是自己的事。

有一次，小洁因为贪玩忘了写作业，直到睡觉前才想起来。她哭着向爸爸妈妈寻求帮助，他们却告诉小洁："作业没完成是你自己的事，等着明天被老师批评吧。现在是睡觉时间，你必须上床睡觉。"从那以后，小洁再没有耽误过写作业。现在，小洁已经养成了在学校里完成作业的习惯。如果作业太多了没有做完，回到家后她也一定会先做完作业再做其他事。

人的天性都是追求自由的，都讨厌、抗拒别人强迫自己，孩子更是这样。所以即使是自己再喜爱的事情，一旦它变成一项被监督完成的任务，让自己感到不自由，孩子对它的兴趣也会荡然无存。特别是学习这种需要调动自己主观努力去完成的事情，别人只能影响和引导，不能强制。只要孩子能主动自觉地学习，任何难题都容易解决；如果孩子不能主动去学，那么再好的方法对他来说也没用，再轻松的任务也会让他感到有负担。

所以，好妈妈必须摆脱"监工"的角色，不要总是对孩子的事情指手画脚。当你不再像监工一样监督孩子，让孩子成为生活和学习的主人时，他们才能更加健康地成长，从而收获更大的进步和成功。

不施压，帮孩子克服厌学情绪

15岁的小华今年读初二，他本是全家的骄傲，因为他既懂事，学习成绩又好。然而，从前段时间开始，他突然变得不爱学习了。每次一回到家，不是忘了写作业，就是作业写到一半就去看动画片、玩游戏，心思全然不放在学习上。

小华在学校的表现也让人头疼，他的班主任已经不止一次找到小华的妈妈反映他的“斑斑劣迹”：他不仅自己不好好学习，还带动身边爱玩的同学一起对抗老师，不认真听讲，不写作业。

小华妈妈又是着急又是担忧，并为此大吼大叫地教训了他好多次。每次小华都保证不再这样做，却总是重蹈覆辙，继续过着他逍遥的生活。面对这种情况，小华妈妈有些束手无策了。

孩子对学习活动表现出来的无趣、冷淡、怠慢、厌倦等消极情绪和行为方式，都是青少年学生常见的厌学表现。调查数据显示，厌学的孩子所占比例较大，厌学情绪已成为当代学生的主要情绪问题。

中小学阶段正是学习的黄金时期，为什么会有学生出现厌学情绪呢？这其中既有家长培养方法不当的原因，如过分溺爱或放任自流、要求过严或态度粗暴等，又有孩子本身的主观因素，如缺乏求知欲望和学习动机，学习方法欠妥，学习上缺乏成就感，头脑中存在着不求进取、读不读书无所谓的消极思想等。

那么，妈妈们该如何帮助孩子克服厌学情绪呢？可参考以下几点。

1. 创造一个宽松的家庭环境

妈妈们可以针对孩子的学习兴趣、学习能力，与孩子共同制定一份科学、合理、有针对性的学习作息时间表，但不必完全改变家庭日常生活规律。另外，妈妈们不要一天到晚千叮咛、万嘱咐，对孩子唠叨个没完。

2. 关注学习的过程和细节

妈妈们要关注孩子的学习与变化过程，平时要多交流、勤检查、常监督。与此同时，还要关注孩子学习过程中的细节，与孩子一起分析学习方面的优劣势，学习方法是否有效，学习和玩耍怎样结合等，然后扬长避短，让孩子养成良好的学习习惯。

3. 帮助孩子树立必胜的信心

信心是前进的动力，进取是成功的根本。妈妈们平时要对孩子进行心理疏导，消除孩子对学习的厌恶、恐惧情绪，鼓励孩子克服困难，积极开动脑筋，认真完成学习任务。在孩子每一次作业、考试或是成长中有进步时，妈妈们都应该有意识地表扬，并给予充分肯定，以增强孩子学习的信心。

4. 做好家校联系

家庭与学校是教育孩子不可缺少的两个主要场所，然而它们往往是分离的，这对孩子的教育来说是一个非常不利的因素。家校联系便于了解孩子的学习生活和日常行为，一旦发现孩子有厌学、不想继续读书等倾向，可以及早找出根源，并采取有效的措施加以引导，使孩子发生转变。所以，妈妈们平时应该多与学校沟通，全面了解孩子的学习生活状态，防患于未然。

教孩子学，不如教孩子自学

所谓自学能力，就是自我学习的能力，是指不依赖老师、家长，通过独立学习、钻研而获取知识的能力。这种能力对孩子而言至关重要，因为孩子从学校和父母那里得来的知识是非常有限的，孩子要想获得更广泛的知识，学得更灵活、更扎实，就必须拥有一定的自学能力。

自学是最有效的学习方式，然而现在的孩子大多自学意识淡薄，懒于自学，再加上父母也习惯于将什么都教给孩子，所以孩子一遇到难题，就请教父母。长此以往，孩子习惯于从他人那里得到答案，学习始终处于被动状态，惰性越来越强，越来越依赖父母和老师，这非常不利于孩子的成长。

萍萍今年10岁了，上小学四年级。她是个典型的乖乖女，无论在生活上还是学习上都听从妈妈的指挥，妈妈让她做什么她就去做什么。

平时放学回家，她总是严格按照妈妈给她制定的时间表来完成学习任务。后来，妈妈生病在医院住了一个多月，无法再像往常一样时刻指导她的学习。没有妈妈在身旁时刻督导，萍萍一下傻了眼——她根本不知道什么时候该做什么事情，也根本不懂得如何提高自己薄弱科目的成绩。慢慢地，她的学习成绩退步了很多。

俗话说："授人以鱼，不如授人以渔。"孩子的学习也是一样。好妈妈在培养孩子的问题上，与其教给孩子更多的知识，倒不如让孩子掌握学习知识的能力，使他们能够随时随地根据自己的需要有选择性地进行学习。学习本来就是孩子自己的事情，可以说，只有学会自学，才能更好地适应自身和社会的要求。

那么，妈妈们应该如何培养孩子的自学能力呢？

1. 帮孩子养成良好的学习习惯

小学阶段学习科目相对较少，孩子能按时完成作业就可以了，但妈妈们要注重引导孩子多看课外书，让他从小爱上阅读，以增大孩子的阅读量。到了初中、高中阶段，妈妈们要让孩子知道，必须改变以往写完作业就万事大吉的做法，要主动复习当天所学的知识，除了老师所留的作业以外，还应该多做参考题，加深理解，拓宽知识面，让孩子由依赖性学习向主动、独立性学习转变。

2. 教孩子掌握基础的学习技巧

学习技巧是提高孩子自学能力的有力武器。如果孩子不懂得如何学习，即使他想自学也会无从下手。因此，妈妈们应多了解一些常见的学习技巧，结合孩子的年龄及学习特征，有意识地在指导孩子学习的过程中渗透进去，让孩子掌握富有成效的学习技巧。

小学五年级的晓黎是个学习非常刻苦的女孩，但让她苦恼的是，无论她怎样努力，数学成绩总是不能超过80分。为此，她将放学后的大部分时间都用在了学习数学上，而这种不合理的时间分配又严重影响了她其他科目的成绩，形成了恶性循环。

一天晚上，妈妈给晓黎送水果时看到晓黎皱着眉头做数学题，心疼极了。妈妈在晓黎身后站了一会儿，发现晓黎学数学的方法居然是将数学书上的内容背下来，这让妈妈找到了晓黎学不好数学的真相。她告诉晓黎，学数学最重要的是灵活运用，而不是死记硬背。看着似懂非懂的晓黎，妈妈抽出课本里的一个知识点，然后出了几道相关的题让晓黎做……

经过这样的反复训练，晓黎终于明白了其中的奥妙。那天晚上，她仅仅花了一个小时就把数学老师当天教的知识点都学会了，并且能够灵活运用。

对于与晓黎情况类似的孩子，家长在指导时一定不能急，更不能对孩子吼叫，要学会“对症下药”。

3. 指导孩子使用工具书

8岁的小宇很喜欢读书，尤其喜欢读像《格林童话》这样的童话故事书，但是因识字有限，常常会碰到不认识的汉字，于是他经常拿着书本问妈妈“这个字怎么读啊”“这个字表示什么意思啊”。后来，妈妈给他买了一本小巧的儿童字典，并认真地对他说：“以后，遇到没学过的字或者词，先在这本字典里找。如果找不到，再来问妈妈，这样妈妈不在家的时候你也不用发愁了。”

小宇点了点头。随后，妈妈把如何使用字典，怎样用部首查字、用拼音查字的方法教给了小宇，还专门写了几个生字让小宇自己练习查字典。

从此以后，只要遇到生字，小宇就会把自己的小字典拿出来动手查阅。查字典不仅让他解决了阅读中遇到的难题，还让他自学了很多新的汉字、词语。

工具书是孩子学习的好帮手，字典和词典等工具书能帮助孩子扫除阅读障碍，提高阅读能力。如果孩子懂得使用工具书，其自学能力就会得到很大的提高。因此，好妈妈应该及时教孩子学会使用工具书。

称赞孩子的努力，而不是聪明

如今，妈妈们大都知道对孩子进行鼓励教育的重要性，并将之运用在日常生活中，于是一个又一个的“聪明”便脱口而出，因为这个词用起来最简单，也最直接。殊不知，反复对孩子的聪明意识加以强化，尤其对于那些性格外向且很爱表现自己的孩子来说，很容易让孩子因自恃聪明而变得任性、唯我独尊，以致将孩子带入“聪明反被聪明误”的误区。

小博是个爱动脑思考问题、喜欢动手钻研的男孩，时不时会搞一些小发明小创造。每次小博有什么成果，总会骄傲地向家人宣布并演示一番。面对小博表现出的创造天赋，妈妈和其他亲戚朋友都称赞他：“小博真是聪明！长大准能做个科学家！”渐渐地，小博的“聪明后遗症”就显现出来了。家人越来越多地听到他说的一句话就是：“某某同学笨得像头猪，一道简单的数学题都做不出来。”妈妈为此非常生气，她经常对小博大声训斥，可小博不以为然，他又开始把更多的聪明才智放在了投机取巧上，有时一天就能弄出十几个华而不实的“发明”，只为在家人和同学面前卖弄。

表扬的话语听得太多，孩子就会很自然地总结出“聪明可以博得大家喜爱”的规律，于是，瞧不起同学、不能踏实地学习、喜欢炫耀自己的小聪明等坏行为也就接踵而来。其实，出现这样的问题，责任不在孩子，错在家长身上。孩子开朗、表现欲强，这是天性使然，他们最初的目的也并不是借此博得称赞。但当妈妈及家人用最简单也是副作用最大的“聪明”去应付他们时，他们的思维也就开始误入歧途了。

美国教育学家曾做一项实验。研究人员先是让幼儿园的孩子解决了一些难题，接着，反复对其中的一半孩子说：“你们很聪明，答对了 8 道题。”又反复对另一半孩子说：“你们很努力，答对了 8 道题。”然后，给所有孩子提供了两种任务供他们选择：一种是有把握能够做得非常好的；另一种是可能会出一些差错，但最终能学到新东西的。结果被夸聪明的孩子有 2/3 选择了容易完成的任务，而被夸努力的孩子有 90% 选择了具有挑战性的任务。为什么会出现这种差异呢？难道只是夸奖的语言不同，就会对孩子形成截然不同的影响吗？儿童心理学研究表明，孩子都喜欢自己被夸奖，受过一次夸奖就会期待还有下一次。经常被夸奖聪明的孩子，为了保住自己聪明的光环，就会有两种举动：一是用耍小聪明的方式来进一步显示自己的聪明，而这会导致他做事不够用心，不能脚踏实地；二是不敢尝试和挑战难题，因为他们担心如果自己做不到的话，会有损自己聪明的形象。在这两种心理的作用下，久而久之，他们会变得不爱开动脑筋，不敢面对困难，变得很脆弱，一旦失败就很难再振作。

正所谓“小时了了，大未必佳”，很多孩子在小时候表现得很聪明，而长大后却碌碌无为，多是受了“聪明之害”。针对这种现象，妈妈该怎么做呢？首先，要坚决杜绝对孩子“聪明”的称赞，遇到别人这样说时，也要制止。其次，要多称赞孩子的努力和进步，总之就是用各种有益的词汇去替代“聪明”。

不要动辄给孩子物质奖励

“宝贝，乖乖待在家里写作业，妈妈回来就给你带好吃的。”

“乖宝贝，只要你这次期末考试能排进年级前三十，就给你买台数码相机。”

……

妈妈们总是希望孩子听话，希望孩子能在学业上有所成，达到自己的要求。为此，很多妈妈会不约而同地采用奖励的办法。面对利益诱惑，孩子们很可能变得动辄要求奖赏，变得只重视物质利益，而不会真正去努力学习。一旦有一天他没有自己想要的东西了，或者妈妈们没有办法满足他的要求了，他就会丧失学习的兴趣，而这时你即使吼叫恐吓，可能也没了任何功效。

启明今年读小学四年级，他聪明好学，成绩也很好。一天，启明在家里温习功课，妈妈的一些朋友过来拜访。她们很大声地聊天，没过多久又打起麻将来。这当然打扰到了启明。他跑到客厅，对正在兴头上的妈妈说：“妈妈，你们小声点，我没办法看书了。”“知道了，知道了。”妈妈答应了。可一刻钟过去了，客厅依然很吵。生气的启明又跑到客厅，把电视机打开，声音调到最大。这回终于安静下来了。

启明妈妈生气地吼道："启明，把电视关掉！这么多阿姨都在，你怎么这么没礼貌？听话，自己下楼去小广场玩。"

启明却生气地说："我不去，我就要待在家里！"

"乖，只要你听话，我就给你买你好东西！"妈妈劝启明。

"那你给我买个航母模型，我就出去。"启明听妈妈这么说，立刻提出了条件。妈妈很不耐烦地同意了。

被"收买"的启明果真听话地把书丢在一边，出门玩去了。想着梦寐以求的玩具，启明高兴极了，哪里还有心思考虑学习。

启明妈妈的做法不仅影响了启明的学习，久而久之，还容易让启明养成将"听话"同好处挂钩的坏习惯。

妈妈们在对孩子提出要求时，不要总是将承诺与奖赏挂钩。特别是在学习方面，也许孩子会为了得到你承诺的奖励而刻苦学习，但这会给孩子的学习带来干扰，不利于他正常水平的发挥。同时，如果孩子不能按照你的要求考满分或是高分，尽管成绩进步了，却仍然得不到自己想要的奖励，自然会觉得委屈，学习兴趣会受到打击，还有可能会同你发生矛盾，甚至为了得到奖励而对你进行欺骗。

小波是一名小学三年级的学生，学习成绩一般。妈妈为了鼓励他好好学习、提高成绩，决定采用物质奖励的办法。这次考试之前，妈妈又对小波说："只要你有一科能考满分，我就给你买最新款的游戏机。"小波下定决心，这回一定要把游戏机弄到手。可问题是，他知道自己的学习水平如何，考试绝对没有可能得满分。

经过一番思想斗争，小波决定为了心爱的游戏机铤而走险。考场上，作弊的小波被监考老师抓了个现行，老师宣布小波的考试成绩作废，还要求他在全班同学面前作检讨，并让他的家长来学校。

妈妈承诺的游戏机没有了，在同学面前面子没有了，做人的诚信也打了折扣，小波真是懊悔不已，心想：都怪妈妈，为什么非要我考满分才肯给我买游戏机呢？小波的妈妈也觉得难过，心想：我是好心激励儿子努力学习啊，事情怎么会发展到这个地步？

小波妈妈的做法，让小波偏离了学习的真正目的和根本任务。妈妈们对孩子进行奖励，本意是对孩子的付出和努力进行肯定。我们并不反对妈妈们对孩子进行物质奖励，可妈妈们该怎样合理奖励孩子呢？

1. 奖励要有分寸

妈妈们对孩子的奖励要适度，不能任由孩子自己想要什么就给什么。一旦你无法满足孩子的欲望，就会影响你的信誉和威望；而如果孩子的要求过高，过多的花费又会对家庭生活造成影响。所以，妈妈们在做出承诺前，一定要考虑家庭的实际情况。

2. 不要滥用奖励

奖励偶尔为之，会让孩子觉得很有动力。但有些事本来是孩子应该做到的，并不需要奖励。如果妈妈们动辄将孩子做的任何事情都同奖励挂钩，过多过滥使用奖励的办法，让奖励变得轻而易举就可以得到，也就失去了它的作用和意义。

3. 以精神奖励为主，物质奖励为辅

一句鼓励的话，一个赞美的目光，一次全家人的郊游，都可以当做对孩子做出成绩的奖励。这种精神上的奖励更能让孩子感到满足，对他们的激励也更持久。如果对孩子进行物质奖励，妈妈们要尽量选择有助于孩子学习和发展的东西，比如复读机、电子词典、文学名著等。

不向孩子要高分数

我们常能听到一些妈妈大声批评自家孩子："人家能考 100 分，你怎么就只能考 98？""看你考了两个 99 就臭显摆，班里有好几个孩子考双百呢，你考个双百再来吹牛！""你能考到 90 分妈妈真高兴，但你要能考到 100 分我更高兴。"听到妈妈的这些话，孩子会有什么反应呢？第一个孩子会是一脸委屈与沮丧；第二个孩子不但对学习产生了虚荣心，还学会了嫉妒；第三个孩子刚刚建立起来的那点自信就被妈妈无情地击碎了。也许这些妈妈没有意识到，自己激励孩子进步的话会对孩子产生这么严重的坏影响。

妈妈们对分数的过度追求会导致孩子产生畸形的学习动机，变得目光短浅，急功近利，既降低了孩子的学习兴趣，也影响到他们的考试成绩。

小诗的妈妈是大学老师，她花高价将小诗送进离家很远的一所全市最好的小学就读，即使每天接送小诗就要多花两三个小时也在所不惜。每次考完试拿到成绩，妈妈总会问相同的问题，考得怎么样，各科多少分，班里有多少同学得了100分。虽然小诗很聪明也很努力，但她总是会或多或少地做错一些题目，没有一次能拿到满分。妈妈知道孩子是需要鼓励的，所以也总是安慰小诗："没关系的，九十多分也很好了，争取下次考100分。"

一次期中考试，小诗终于让妈妈如愿以偿，语文考了100分。妈妈高兴极了，在接小诗放学的路上听到这个消息就迫不及待地开始打电话，告诉小诗的爸爸、爷爷奶奶、姥姥姥爷、叔叔阿姨……恨不得所有人都知道。这个成绩好像给所有人都带来了欢愉，大家纷纷称赞小诗考得好，还给她买礼物庆祝，并许诺期末考试得满分有更大的奖励。期末考试到了，妈妈一再叮嘱小诗考试要认真，做完题要仔细检查试卷，不要出错，争取再得个100分。结果考完试妈妈去接小诗，小诗一见妈妈就哭了，说好多题明明做过也不会了，没能考出个100分。虽然妈妈很失望，却没有批评她，只是鼓励她下次争取考100分。

奇怪的是，从那以后，小诗再也没得过100分。妈妈每次高高兴兴地去学校接小诗，但总是失望而归。尽管她总是鼓励小诗下次努力就好，但小诗心里害怕极了，怕考不到100分，怕看到妈妈脸上那失望的表情。

关注孩子的分数，却忽略了孩子的学习兴趣、学习态度、学习方法以及对知识的把握程度，会在学习动机上误导孩子。小诗妈妈的做法看似在鼓励小诗好好学习，实际上是在追求作为家长的自我满足感，这甚至比对孩子吼叫危害更严重，这样的鼓励并不能起到激励作用，反而会大大地伤害孩子。

分数只是一种手段，而不是目的。越渴望孩子取得好成绩，越不向孩子要分数。偶尔一次考试失利，或许孩子不会放在心上，但如果别人总是用成绩来判定他的能力，就会让孩子觉得很郁闷。妈妈不提分数和名次的要求，孩子就能从妈妈的态度中知道，学习不是为了分数，不是为了和别人比，掌握知识才是根本目的，不要过分看重考试上分数的多少、名次的升降。当孩子把注意力从个别的得失转移到对知识的掌握和能力的增长上，成绩也会自然而然地得到提高。

帮孩子提高成绩

在小学和初中阶段，孩子的学习成绩并不稳定，甚至到了高中阶段，有的孩子成绩也不是很稳定，更不见得会有突飞猛进的情况发生。受现行教育模式的限制，不同的孩子在学习和考试方面的优劣势存在差异。而家长对孩子的态度和行为，也会影响他们的学习成绩。如果孩子本身在考试方面并不具备优势，妈妈们要重视孩子在学习方面的教育，帮孩子提高成绩。

首先，妈妈们不要过于看重孩子的学习成绩。分数只能证明过去，却无法证明未来。偶尔一次考试失利，或许孩子并没有放在心上，但如果你和其他家人总是用成绩来判定孩子的能力，或者因孩子不理想的成绩对他大吼大叫，就会让孩子觉得很郁闷。事实上，那些长大后有所成就的人，往往在上学时成绩并非名列前茅。妈妈们要相信孩子的潜力，让孩子知道掌握知识才是根本目的，不要过分看重考试上名次的升降。

其次，把孩子的学习计划公之于众。对于自控能力比较差的孩子，妈妈们可以以周或月为期限，帮他们制订一个不是很长的学习计划，并严格监督孩子将其落实。

在这一点上，一位妈妈的办法十分有效。

晓航的学习成绩很差。老师帮他制订了学习计划，可他总是“三天打鱼，两天晒网”，学习计划也形同废纸。但是，在晓航的家长插手管理起他的学习后，晓航竟然很轻易地就把学习计划坚持了下来。

老师知道了，很惊奇地向晓航的妈妈请教。晓航的妈妈不好意思地说：“我在跟晓航爸爸商量后，晓航爸爸给我出了个主意。他以前戒过烟，戒烟成功就归功于对自己的心理约束，我们也是帮助晓航用了心理学上戒烟的一个办法。”

原来，心理学上常用的一个戒烟方法就是，戒烟人向家人或朋友公开宣布自己要戒烟的决定。这样做会起到一种强迫约束的效果。当戒烟人控制不住又想吸烟时，就会想：所有人都知道我戒烟了，要是我再吸烟，他们一定会笑话我。就这样，他们往往会坚持一天，再坚持一天，直到烟瘾彻底消失。

晓航的家长对待晓航的学习计划也是这样做的。他们先把晓航的学习计划在家庭会议上公布出来，然后又把这个计划告诉给晓航的所有老师和一些比较亲近的同学。不出所料，晓航在“面子”和“舆论”的压力下，果然将学习计划坚持了下来。

孩子虽小，却都很爱面子，在众人的关注下，孩子的进取心、表现欲等都会很大程度地被激发出来。所以，妈妈们不妨借鉴这一点，帮助孩子提高成绩。当然，在使用这种方法前，必须提前征得孩子的同意。

最后，帮孩子把学习任务分分块。

放学回到家，丁丁愁眉苦脸地对妈妈说：“我要背课文，没时间吃晚饭了。你和爸爸不用等我了。”说着就回了自己的房间。妈妈听了觉得很奇怪，就跟着丁丁走进他的房间询问原因。原来，今天语文老师留的家庭作业是要求背诵一篇很长的课文。丁丁觉得任务很重，所以打算将整个晚上都利用起来，把课文背完。

妈妈怜爱地对丁丁说："傻孩子，其实你用不着把所有时间都用来背书啊。妈妈教你个好办法，绝对保证你在明天上课前就把课文背会。"

"真的吗？"丁丁惊喜地问妈妈。

"当然是真的了。这篇文章虽然看起来很长，其实一共就三个段落。现在离吃晚饭还有一个半小时，你能用晚饭前的这段时间把很短的第一段背下来吗？"丁丁点了点头。

"第二段虽然有些长，但是利用晚饭后到睡觉前这段时间就足够把它背下来了。至于第三段，完全可以利用明天起床后的一点时间把它背好。在上课前，你还可以再把全篇课文复习一下。我相信，你绝对是所有同学里背得最流利的一个。"

丁丁按照妈妈的方法做了，果然很轻松地就把课文背下来了。

对孩子来说，富有挑战性和趣味性的事物更能吸引他们，所以他们往往对枯燥的学习不感兴趣。而且，有儿童心理学家指出，孩子在做事之前，对制订计划有一定的困难，尤其是在面对繁重的学习任务时，他们更不知道该从何入手。所以，妈妈们可以帮孩子把学习任务分解成小块，让他们一点点地完成。

纠正孩子的马虎行为

孩子在面对粗心丢分的情况时，自责、埋怨的情绪往往要比不会做某道题时少很多。他们很有可能会这样说："如果不粗心，我这次考试绝对可以得满分！"话语中还隐约流露出些许自豪感，好像不会做是不能原谅的，而会做却因为粗心马虎丢分就可以原谅。这样的孩子还不在少数。

具体来说，孩子做事粗心，态度不够端正是一个原因，这类孩子经常敷衍了事，马马虎虎凑合做完就算完成任务；性格急躁是一个原因，这类孩子做什么事都心急，匆忙中难免出错；不够熟练是一个原因，这类孩子对知识掌握得不够扎实，很容易因麻痹大意而出错；心情焦虑是一个原因，这类孩子因为心理负担过重，一考试就紧张出错。针对孩子做事粗心的不同原因，好妈妈会采取不同措施，或是让孩子端正态度，或是改变孩子急躁的性格，或是让孩子多加练习熟练掌握知识，或是减轻孩子的心理负担。

已经上小学的小煜是个马虎大王。他的脑子并不笨，很多时候理解能力比别的同学还要好，但就是改不了粗心大意的毛病。做作业和考试的时候，他总是会出各种各样的差错：有时候漏做了两道小题，有时候看错了标点符号，有时候把6写成了0，有时候还剩下半道题没做完就收笔了。

公布完期末考试成绩，小煜有些沮丧地拿着成绩单和试卷回了家。他不敢告诉妈妈自己又因为马虎丢了好多分。小煜上厕所的时候，妈妈翻了翻他的试卷，发现有些题目并不难，练习册里都出现过类似的，是应该可以答对的。

“小煜！这么简单的题目你也会算错？你还能干什么？”妈妈生气地说道。

“我也不想答错啊，就是又大意了。”小煜向妈妈解释。

“我跟你说过多少遍了，要用心，要认真，可是你就是记不住……”妈妈没完没了地唠叨开了。

小煜委屈地说：“我怎么知道会这样！你总说我什么都干不好，我就是什么都干不好！”说完，他赌气跑回自己的房间，关上门哭了起来。他想：自己真没用，连这么简单的题目都能做错，妈妈为什么老是责骂自己，再用功学习还是得到这样的结果……

如果粗心大意成为孩子的习惯，等长大了就很难改掉。而妈妈们如果过多地责怪，只会让孩子逐渐丧失对学习的兴趣和信心。所以妈妈们要耐心帮助孩子改掉马虎的毛病，让他们养成严谨做事的好习惯。以下一些方法妈妈们不妨试一试：

1. 让孩子认识到粗心大意的危害

有些孩子对自己的马虎并不在意，而有些妈妈对孩子的马虎习惯也并不重视，认为只要孩子聪明，马虎一点也没多大关系。这些想法都是要不得的。好妈妈会帮助孩子认识到马虎的危害，比如给他们讲讲马虎出大错的故事，通过一些实例和教训来分析马虎给人带来的种种危害。

2. 让孩子在做题前养成认真审题的习惯

妈妈们应该告诉孩子，看到题目后不要先急着作答，应该把题目“解剖”一下，看准题目中的已知条件和问题的关键点，然后再运用所学知识去解答，不要还没有真正理解题意，就想当然地去答题，结果所答非所问。

3. 帮孩子学会自我检测

粗心的孩子一般在做事的时候不够专心，题目做完了也不愿意进行检查，所以才会出现错误。对这样的孩子，妈妈们要帮他们养成做完题目后通过检查发现错误并改正的习惯。

4. 让孩子整理自己的错题集

不认真分析马虎造成的错误，就很难吸取教训。很多孩子在改正错题时，只是把题目从头到尾再做一遍，蒙对了就算完成任务，根本不去深究犯错的原因，这样的改错收效不大。妈妈们可以让孩子把作业、练习、考试中的所有错题，分类收集起来，在出错的地方用醒目的颜色标明错误的原因，时常翻阅，以提醒自己不要再犯类似错误。

此外，良好的习惯是一点一滴养成的，一些小事也要引起重视。比如，孩子的草稿纸大多是乱七八糟的，这样一不留神就会计算出错，或是在誊抄的时候抄错。因此，虽然不要求孩子打草稿像写作业一样整齐，但也不要太潦草，要以能够清晰辨认为标准。

辅助并完善孩子接受的学校教育

孩子的成长主要来自学校教育和家庭教育。孩子掌握的绝大部分的科学知识与技能、社会规范与道德价值观是在学校教育中得来的；但家庭教育同样要为孩子传授知识、社会规范与道德价值观。相比学校教育来说，家庭教育主要是发挥辅助性的作用。

“老师，孩子送到学校，就全托付给你了！”很多妈妈在送孩子第一天上学的时候，会对老师说这句话。其实，孩子的教育并不是老师单方面可以完成的，送孩子上学也不等于“全托管”，学校教育必须依靠家庭教育的配合与支持。妈妈们不应该将对孩子的教育完全放权给学校，也要重视家庭教育对孩子的影响。

而家庭教育不可能不涉及学校教育。妈妈会发现，孩子经常会说“我们老师说了……”“我是按着我们老师说的做的”，孩子很容易对老师产生崇拜，那么妈妈在教育孩子的过程中，就不能回避一个问题，那就是自己与老师的沟通问题以及家庭和学校的配合问题。妈妈怎样教育孩子，老师需要了解；老师怎样教育学生，妈妈也要知道。只有这样，才能使学校教育和家庭教育和谐起来，减少横亘在二者之间的一些漏洞和盲区。平时，妈妈应该多与老师沟通，全面了解孩子的情况，积极配合学校的教育。

想想把期中考试的试卷拿回家，妈妈看到他愁眉苦脸的样子，就知道他一定又考砸了。妈妈拿过卷子一看，果然，数学只得了37分。妈妈知道数学是想想的弱项，自己曾三番五次地对他批评教育，可是想想依旧没有任何进步，甚至开始觉得自己笨、对数学缺乏信心。没想到随着年级的升高，想想的数学成绩竟然差到这种程度。

拿着错题连篇的卷子，妈妈又是照例为想想逐一讲解错题。想想只是一个劲地点头，妈妈也不知道他是不是真的弄懂了。卷子讲解完了，妈妈对想想下了死命令：下次考试数学一定要考好！可是妈妈刚一转身，就听见想想小声在那里嘀咕："语文和英语可以考好，数学够呛。"

想想没自信的样子气得妈妈一夜没睡，她苦思冥想也找不到好的解决方法，最后决定去学校向老师求助。

第二天，妈妈找到想想的数学老师，老师想到一个办法，想用这个方法让想想自己觉得自己行。晚饭后，老师来想想家家访，还给想想带来了两张试卷。这样想想很恐慌，怕自己当着老师和妈妈的面又"栽跟头"。但是不能违抗命令的他还是乖乖坐在了书桌前，看着两张数学卷子，想想皱紧了眉头，显得很无奈。

仔细看看试卷里的题，想想愣住了——这不是四年级的期中试题吗？疑惑地看着老师，老师说："你尽管做。"想想只用20分钟就做完了，老师当场批卷，得了99分，只因为一个"8"写得不够清楚，被扣掉了一分。想想看到第二张卷子，更乐了——竟然是二年级期中试题。想想不假思索地认真做起来，不到10分钟就交卷了，结果得了100分。

妈妈拿着两张卷子问想想："为什么这两张试卷你答得这么好呢？"想想回答说："过去学过，现在更熟练了，所以都会做。"老师听了，赞许地说："是啊，就是这样。你对六年级数学，也是先学会，再熟练，一定也能考好！”想想似懂非懂地点点头，感觉自己也许真的不笨。

归功于老师的这次家访，想想对学数学有了信心，学习更认真了。经过两个月的学习，他在期末考试中数学得了82分，毕业会考时更是考了93分，是全班第四名。

了解孩子性格的人莫过于妈妈，而了解孩子学习问题的则是孩子的老师，所以妈妈和老师经常沟通尤为必要。虽然现在妈妈对孩子的关注度越来越高，但由于工作等的原因，妈妈直接接触孩子的时间并不多，很难及时发现孩子的问题，而老师与学生相处时间较长，能够及时地发现孩子的潜力以及存在的问题。同时，妈妈要知道，孩子在家里只有一个，但到了学校，孩子是群体中的一员，所以妈妈只能看到一棵树，而老师看到的却是一片林。老师的优势之一就在于比较，他能够通过对同龄人的对比更准确地找出孩子存在的问题。

通过想想学数学的故事就可以看出，老师的教学经验和对学生的了解能够让他想出更适合学生的学习方法。而且有研究表明，妈妈对孩子学校生活的参与往往能让孩子在学校中有更好的表现。所以，积极地和老师取得联系是每个妈妈的责任。

总之，家庭教育与学校教育是一个有机的整体，妈妈要积极与老师配合，密切合作，对孩子的教育形成有益的合力，共同为孩子营建良好的成长环境。

不剥夺孩子的假期自由

对很多孩子来说，可以自由支配的假期是支撑他们一整个学期辛苦奋斗的动力。既然寒暑假是长期存在的，就说明它们的存在是有必要的，然而很多妈妈却无所顾忌地剥夺孩子的假期自由，他们只看到了看似漫长的假期，却没有看到孩子在期末考试前为了取得理想的成绩而付出的努力。其实，一连几天的考试中，孩子的心智体力已经达到了极限，急需放假后好好休整一下，以备开学再战。

但有的妈妈就是看不得孩子清闲，孩子一不学习，妈妈就觉得不安，就要唠叨，有的妈妈甚至会大吼大叫地要求孩子去看书。为了躲避妈妈的语言“轰炸”，有些孩子甚至选择去网吧、游戏厅玩游戏，结果又容易导致其产生网瘾使其成绩下降，进而引起亲子关系僵化。

王怡是个中学老师，平时，她很爱护学生，将学生的辛苦都看在眼里。回到家里，她也是这样对待自己的孩子的。每到放假，她都会大大方方地对儿子说：“最近辛苦了，你终于可以彻底放松几天了，明天睡到自然醒吧，妈妈不会打扰你的。”接下来的几天，只要儿子的卧室没有动静，她就不会弄出一点声音。儿子一觉睡到中午，起床后看电视，和同学一起打球，玩得不亦乐乎。儿子高兴，她也高兴。放假期间，只要儿子提出帮忙做家务，她从不推辞，厨房也成了母子交流的最佳场所。两个人天南海北地聊天，就是不提学习。几天过去了，儿子彻底休整过来，便自己看书去了，比她还忙，反而没时间和她说话了。

不能不说，王怡深谙培养孩子的精髓，是个明智的妈妈。孩子的假期作业已经有老师来安排，有进取心的孩子通常都会按照自己制订的计划按部就班地完成。其他时间，既然是假期，就应该让孩子自己做主，做他自己喜欢做的事情。有的妈妈为了让孩子取得更好的成绩，会选择让孩子在假期继续“充电”。结果，不但孩子的大脑和身体得不到充分的休息，而且也没有了消化整合课堂上学到的知识的时间。事实上，经过一个假期的休整，孩子以饱满的精神状态积极地投入到学习中，要比身心疲惫地返校好得多。所以，在假期里，给孩子学习的原动力要比给孩子现成的知识更重要。打消耗战，成绩未必就高。

对此，有一些妈妈表示，不是不给孩子时间玩，而是给了孩子时间，孩子却不知道该怎么玩了，只是整天坐在电脑前，反而更让人担忧。也有一些妈妈为了保障孩子的人身安全，宁可剥夺孩子户外活动的权利，也要将孩子“拴”在家里。事实上，现在的孩子并不缺少物质的东西，而是缺少快乐，缺少与父母的交流。

妈妈们可以带着孩子参加各种集体活动，比如夏令营、游泳俱乐部、户外拓展游戏等，教孩子摄影、搭帐篷、认识野生生物，让孩子自己解决遇到的各种困难。通过这种形式，孩子既能把玩与体育锻炼结合起来，又能在玩乐中增进与父母的感情。

生活即教育，让孩子轻松获取知识

“生活即教育”是我国教育家陶行知先生提出的生活教育理论的核心内容。他认为生活与教育是同一过程，教育不能脱离生活，生活也不能脱离教育。

一个2岁的孩子问妈妈吃的米是从哪里来的，妈妈从网上下载了水稻和农民插秧的图片给他看，还费了很多口舌解释水稻从播种到收割的过程，告诉孩子收割后的稻子去壳后就成了米。可孩子听完后似懂非懂，没过两天又问妈妈米是从哪里来的。妈妈不厌其烦地又解释了一遍，但孩子依旧不明所以。孩子再次问的时候，妈妈不高兴地大声说：“不是给你讲过了吗？讲了你也没明白！”

一个偶然的机会，妈妈带孩子回乡下老家。在乡下，孩子看到了金灿灿的稻田，摸到了沉甸甸的稻穗，见到了收获稻谷的过程。妈妈想到了孩子之前的提问，就又一次给孩子讲米的来历，孩子恍然大悟，以后再也没问过米是从哪里来的。对此，妈妈不由得感叹：“真是见一百次图片也没有看一次实物有效啊！”

人们也许可以通过死记硬背掌握知识，但无数研究表明，当知识与自己有切身关系时，往往更能对它产生兴趣，记得也更扎实。所以好妈妈们在培养孩子时，要充分利用“生活即教育”的理念，而不是让孩子的教育仅仅局限在校园里、课堂中。你帮助孩子把所学知识与现实生活、实际需要联系起来，能够让孩子对知识产生浓厚的兴趣，从而取得更好的学习效果。

在日常生活中处处都有学习的机会，生活中随处都有最好的教具。妈妈们在日常生活中可以挖掘到的教学内容，往往比课本上生硬的内容更深入孩子的内心，能够使孩子更愉快地接受。你在潜移默化中为孩子提供的学习机会，即便是再讨厌学习的孩子，也一定会逐渐对学习产生兴趣的。

晓渠的妈妈对收藏颇有研究，为了让晓渠养成有条理做事的习惯，晓渠的妈妈有意识地鼓励晓渠收藏她喜欢的书签和贺卡。同时，她还教了晓渠一些有关分类收藏的方法。后来，晓渠告诉妈妈，她不但从中得到了很多乐趣，还学会了将自己的事情安排得井井有条。

在帮助晓渠学好语文这件事上，晓渠的妈妈也很有心得。为了让晓渠对课文《风筝》有更深刻的感受，周末，晓渠的爸爸妈妈带她去商场选购了一款漂亮的蝴蝶风筝，然后一起去郊外放飞。回到家，晓渠还在爸爸的指导下亲手做了一个小型的简易风筝。这样，晓渠对课文的理解就不再是仅仅停留在抽象的文字和理论上了。重阳节的时候，晓渠全家一起去自然公园登山。登上山顶后，妈妈问晓渠哪里的风景最好，晓渠指了指远处重重叠叠的山影，妈妈说：“既然那么喜欢，不妨把它写进日记里吧！”后来，晓渠写的那篇有着真情实感的日记精彩极了。

数学是比较抽象的科目，对很多孩子来说都比较枯燥。为了改变晓渠不喜欢学数学的态度，妈妈带晓渠去超市的时候，就让晓渠来比较哪种商品更划算，一共需要花多少钱。晚上家人在小区里散步，妈妈也会问晓渠：“咱们每分钟走80步，爸爸每分钟跑100步，但是他的步子大小是咱们的两倍，这样几圈过后，咱们才能再次和爸爸汇合呢？”在购买和安装家具的时候，妈妈也让晓渠拿着尺子丈量尺寸，让她有更多的空间概念。久而久之，晓渠发现数学真是又实用又有趣的科目，学习起来也不再愁容满面了。

家里为出门旅行做计划的时候，妈妈将翻地图、找参考资料、查近期天气的工作都交给了晓渠。旅行途中路过各种历史博物馆和自然博物馆，妈妈也不忘带晓渠仔细地参观一番。这些潜移默化的教育让晓渠在不知不觉中掌握了不少地理常识和历史知识。

晓渠妈妈用来启迪晓渠的事例在我们的生活中比比皆是，遗憾的是，很多妈妈们对这样的机会往往视而不见，让它们从自己的身边溜走了。“试”到临头的时候妈妈们才捧出一大堆参考书、练习册要求孩子去背、去做，孩子不认真就对其吼叫呵斥，还自以为教育方法得当，殊不知这只是加重了孩子的学业负担，并不能得到理想的效果。

总之，对孩子来说，生活是他们学习知识的天然大课堂，如果妈妈们能够利用好这些机会教育孩子，让孩子每天都能随时学习有用的知识，那么久而久之，孩子就能受到更多的教育。这样，无论对大人还是对孩子来说，教育都成了一件轻松的事情。

Part 6

鼓励并培养孩子的优秀品质

鼓励孩子参与竞争

初中毕业后，李雷从农村来到市里的重点高中上学。以前的学校教学质量不是很好，李雷到了新学校，觉得很难适应，尤其是英语课，简直像鸭子听雷。这一切让他不知所措。第一学期期末考试，他没有一科及格，英语最惨，只有35分。这种打击对过去一向优秀的他来说，实在太大了。他想，农村学生始终是比不过城里学生的。他开始苦恼和自卑起来，转而向小说里寻找精神寄托。沉溺其中的他成绩越来越糟，差点被学校开除。

李雷不想继续留在这里丢人现眼，决定放弃学业。母亲知道了他的想法后，差点对他大吼大叫，但是她压住了心中的怒火，对他说："放弃学业的你和战场上的逃兵有什么区别？就算你休学，逃避了学习上的竞争，可以后呢？以后你还能接着逃避社会的竞争吗？还是你已经打算好了，做一辈子的逃兵也无所谓？"母亲的话激起了李雷强烈的自尊心。为了不让自己成为逃兵，为了证明自己并不比别人差，他开始刻苦学习。

本来就不笨的李雷最初成绩不好，只是因为没有适应新的环境。有了竞争意识的他不甘心落后于人，通过不断地刻苦努力，成绩自然提高了。高考的时候，他以学校有史以来最好的成绩考入了向往已久的大学。

竞争是生活中不可或缺的内容，竞争力是现代人基本的生存能力。如果李雷在暂时落后的时候，一味地逃避，那么很可能像他母亲说的那样，成为“一辈子的逃兵”。孩子对学习或某项活动甘心落后、怯于竞争，表现出动摇、胆怯、逃避等消极态度的时候，妈妈们要让他明白逃避不是解决之道，勇敢竞争才是应对之法。妈妈们平时还要多鼓励孩子参与多种形式的竞争活动，让他们在竞争中摔打自己，经受成功和失败的考验，鼓舞孩子跌倒了再爬起来继续前进。

现代社会飞速发展，竞争无处不在。培养孩子不怕失败、不畏挫折、勇于竞争的意识和能力，就是赋予了他们将来在社会上畅行的“通行证”。那么，妈妈们应该怎么做呢?

1. 让孩子保持竞争意识

竞争意识是产生竞争行为的前提。每个人都会有渴望成功的愿望，有超过别人的冲动，这是鼓励自己前进的驱动力。生活中，妈妈们要帮孩子树立拼搏精神和竞争意识，让他们不甘落后，敢于脱颖而出，争当“出头鸟”。

2. 让孩子发挥自身的竞争优势

每个人都不可能是全才，重要的是能找到自己的优点，并发挥出来。帮助孩子发现自身长处是克服害怕竞争的良方。发挥自己的长处，挖掘自己的潜能，这样就能增加成功的机会。

3. 让孩子善于学习竞争对手的优点

竞争对手就像一面镜子，能照到自己的不足，从而促进自我完善。面对竞争对手，妈妈们应该引导孩子改变敌对的心态，而将对方视为学习的动力、目标以及榜样，可以积极学习竞争对手的优点，主动与对手合作，向对手请教问题。学会处理竞争与合作的关系，也会为孩子以后的学习和工作奠定良好的基础。

新学期开始了，读初二的斌斌下决心把自己的成绩提高到班里前五名。

妈妈问他："现在班里前五名的同学就是你的竞争对手，想要超过他们，就先要了解他们，虚心向他们学习。他们与你相比有哪些优点呢？"

斌斌说："第五名的同学学习很主动，也很刻苦，课堂上总是举手发言，遇到不懂的问题会虚心向老师和同学请教；第四名的同学听课时精力非常集中，学知识不死记硬背，能举一反三；第三名的同学非常珍惜时间，还喜欢看课外读物……"

斌斌说完，妈妈告诉他："现在你知道自己该怎么做了吧？知己知彼，心里就有了底；学人之长，胜利就有希望。"斌斌恍然大悟。

在妈妈的启发和帮助下，斌斌通过对比，找出了自身的差距，学习起来也更加刻苦，成绩提高得很快，终于在期末考试中实现了自己的目标。

4. 培养孩子的良性竞争心态

好妈妈不仅要让孩子参与竞争，更要让孩子明白，竞争不应是自私狭隘的，不应玩阴险耍手段，而应有广阔的胸怀，以实力超越；竞争并不排除协作，单枪匹马的强者是孤独的，也是不易成功的；此外，要引导孩子多审视自身，从实际出发，在个人原有基础上不断取得进步。同时，还要帮助孩子正确面对竞争中的得与失，成功了，不骄傲，能想到今后还会出现新的竞争；失败了，不灰心，更不嫉妒成功者，接受他人先于自己成功的事实，并视对方为自己学习的榜样。

培养孩子的进取心

有的妈妈望子成龙、望女成凤，而有的妈妈则想着孩子能够掌握一门用来谋生的专业、安安稳稳地过日子就可以了。事实上，这种想法是错误的，不符合时代的要求。如今，社会上的竞争越来越残酷，妈妈们必须让自己的孩子和别的孩子站在同一条起跑线上竞争，不要因为自己的不舍而忽略对孩子进取心的培养。妈妈们千万不要抱有让孩子安于现状、与世无争的心理，而是要鼓励孩子们积极进取，赢得属于自己的人生精彩。

有强烈进取心的孩子，学习上充满了动力和自觉性，能够发挥出自身的潜能。即使不够聪明，他们也能够持之以恒，终会取得可喜的成绩。对于孩子的进取心，妈妈们不但要能够发现和保护，还要善于激发和调动，鼓励孩子不断向更高的目标前进。那么，具体来说有哪些方法可以参考呢？

首先，妈妈们要打造学习型家庭，为孩子创造良好的氛围。孩子的模仿能力很强。如果家长自己生活上懒散松懈、工作上不思进取，却把理想寄托在孩子身上，要求孩子努力学习、成绩优异，他们是不会听从的。

瑾瑜的家里，最大的房间不是卧室，而是书房。高高的书架上，摆满了父母多年收藏的各种书籍。瑾瑜的父母经常在一起探讨工作上的、学术上的话题。每天吃完晚饭，他们都会带着瑾瑜一起至少读一个小时的书。在父母的影响下，瑾瑜很喜欢看书，特别是名人传记，偶尔她还会向父母推荐几本自己认为比较好的书。一天，她甚至对妈妈说："妈妈，你看我最近读了这么多书，你再不学习就跟不上我了。"

想让孩子好学上进、不断进步，妈妈们首先要在工作、学习上高标准要求自己。瑾瑜的父母就为她做出了很好的表率。

其次，要在孩子心里树立起学习的榜样，榜样的力量是无穷的。孩子小的时候，妈妈们可以多给他们讲一些成功人士的故事。当孩子有了阅读能力时，妈妈们要引导他们多读一些名人传记。这会让他们从内心深处渴望成为一个了不起的人。榜样并不限于那些大人物，也可以是孩子身边的人。熟悉的人对孩子的影响会比伟人、名人的影响更具体、更实际。当然，妈妈们要注意自己的方式方法，不要因为错误的比较让孩子产生逆反心理。

最后，要适时地表达自己对孩子的期望。妈妈们要学会用自己的言谈举止影响孩子，让孩子既受到赞扬，又知道自己该朝什么方向努力和发展。孩子过生日、入学、升学等，都是很好的机会。妈妈们可以利用这些时机祝贺孩子，向孩子灌输"你长大了，成大孩子了"的思想，同时提出新的希望。这会在孩子的心中植入一种奇妙的感觉，让孩子对自己提出一些新要求，并愿意努力去做好。如果家长希望孩子报考某所学校，又怕会对孩子造成压力，那么最好不要直接说出来，可以在茶余饭后的闲谈中"无意"提到，借别人来说事。

此外，还有其他一些方式可以激发孩子的进取心。比如为孩子找个竞争对手，鼓励孩子参与竞争；帮孩子确立合理目标，让孩子通过目标的实现体验成就感，成功带来的喜悦之情会让孩子战胜困难、不断进取。

关注孩子的荣誉感

对待孩子的荣誉，过多张扬不可取，但不当回事、甚至加以贬低，更不可取。有些家长为了不让孩子产生骄傲自满的情绪，尽管心里对孩子在某方面的出色表现非常高兴，但对孩子取得的荣誉表现得很漠然，一副不欣赏、不珍惜的态度。这样做会让敏感的孩子倍感失落、自怨自艾，长此以往会打击孩子的自尊心。

孩子们会渴望得到别人的关注，他们需要一个安全的、温暖的环境，能让他们在其中大展拳脚。所以，无论性格内向还是外向的孩子，都渴望别人关注自己。他们也通过这种关注获得自尊和自信，确认自己的存在，找到自我价值。所以，妈妈们一定不要忽视孩子取得的荣誉，这对维护他们的自尊心很重要。

家里来了客人。吃饭的时候，爸爸顺手将梦梦新得的奖状放在餐桌上，垫了汤锅。梦梦看到了，气红了脸，吵着让爸爸把奖状拿出来。

妈妈见梦梦如此不懂事，在一旁叫道："进步奖算什么，三好学生的奖状才够好。你拿回那个来才算光荣。"客人见状，劝解道："孩子取得的荣誉不能这么践踏，会伤害孩子自尊心的。”没想到，这勾起了夫妻俩的满腹心事。话题马上转移到梦梦身上，说她如何不争气，只关心吃穿，完全不把心思放在学习上等。

听到这些，梦梦再也控制不住，伤心地哭了起来。

在孩子成长的过程中，强烈渴望得到他人的尊重。如果家长不能满足孩子的这种需要，孩子就很难进行积极自我的确立。所以，妈妈们对孩子取得的任何一点荣誉都不能轻看，更要以此为契机鼓励孩子争取更大的进步。

上了幼儿园，小琪知道了得到小红花是一种荣誉。放暑假前，她还获得了“健康之星”的奖状。放学时，小琪兴奋地跑到来接她的爸爸面前，举着奖状骄傲地说：“爸爸，看我得的奖状！”爸爸笑着夸奖了一句，小琪脸都红了。

回到家，小琪又对妈妈说：“妈妈，快把我的奖状贴在墙上！”妈妈知道幼儿园里的每个小朋友都能得到一张奖状，但看到小琪格外看重这份荣誉，就没有违背她的意愿，把它贴在了家里一进门就能看到的墙上。

小琪爸爸妈妈的做法是很容易做到的，但很多家长却把这看成是小题大做，不以为然。还有的家长会举出居里夫人的例子来反驳，因为居里夫人曾经让小女儿把英国皇家学会颁给自己的金质奖章当做玩具。这些家长忽略的是，奖章是居里夫人自己的，而不是她的小女儿的。居里夫人只是让女儿看淡名利，并没有践踏女儿的荣誉。

事实上，增强孩子的荣誉感，会让孩子充满自信、自尊自爱。孩子会在正确的荣誉感中找到自我价值。对于幼小的孩子，这种荣誉感的维护就显得更加重要。每个孩子心里都渴望自己是世界上最棒的、独一无二的那个。妈妈们要在适当的时候多夸奖孩子，维护孩子心中的美梦。

敢担当的孩子责任心强

美国品德教育联合会主席麦克唐纳说过：“能力不足，责任可补；责任不够，能力无法补；能力有限，责任无限。”责任心是一种道德素质和能力要素，它能影响孩子的学习和智力的开发，同时，它也是一个人以后能够立足于社会，获得事业成功、家庭幸福的至关重要的人格品质。然而成长中的孩子往往对一些事情没有责任感，因为很多时候他们并不知道责任是什么。孩子的责任心并不是与生俱来的，它需要妈妈们的耐心培养。但是，当妈妈们对孩子太严格和控制过多时，是培养不出责任感的；当妈妈们对孩子太娇纵时，也培养不出责任感。那么，妈妈们应从哪些方面入手培养孩子的责任感呢?

1. 不让孩子把找借口当成习惯

对于习惯找借口的孩子来说，借口是做不成事、做错事的挡箭牌；是原谅自己、敷衍别人的护身符；是掩饰弱点、逃避责任的灵丹妙方。借口掩盖了过失，推卸了责任，能让孩子获得暂时的心理安慰，但长此以往，孩子就很可能会变得大事做不了、小事做不好，最终一事无成。

一位妈妈讲述了这样一段教育儿子的经历：

儿子开始学走路的时候，每次跌倒在地上，我都会一边使劲用手拍地一边说："都是地不好，让我的宝贝跌倒了。"儿子撞上桌角磕痛了，我也会一边使劲用手打桌角一边说："都是桌子不好，把我的宝贝碰疼了。"所以，每次儿子受了委屈，都要眼泪汪汪地等着我找出"罪魁祸首"来给自己出气。

转眼间，儿子上了幼儿园大班，已经明白了自己跌倒却怪地不平是很可笑的事情。但他做错了任何事，还是会习惯性地找理由为自己开脱。比如"妈妈，今天我跌了一跤，是奶奶不好，她没拉住我的手。""妈妈，今天我去钢琴班迟到了，是爸爸不好，他没按时叫醒我。""妈妈，今天我没拿到小红花，是老师不好，我帮小朋友收拾铅笔，她却没看见。"总之，只要是犯了错，就都是别人的原因，他自己永远没有什么不好。我也试图教育他，可没多久他就又这样。

夏天到了，儿子喜欢光着脚在地板上跑。我怕他着凉，让他穿上拖鞋，可他跑着跑着就把拖鞋跑丢了。我给他穿上，但过不了几分钟，拖鞋就又不知被他扔哪儿去了。没办法，我只好在地板上铺了地毯，让他在地毯上玩。但儿子还是习惯性地光着脚去厕所，结果着凉发了高烧。我带儿子去医院，医生说需要输液。儿子吓坏了，一边用小拳头拼命捶打我，一边大哭大叫："都是妈妈不好，没在厕所里铺地毯。"看着儿子含泪双眼中怨恨的目光，我彻底惊呆了！这样下去，如果儿子长大了找不到理想的工作，他是不是也会说："都是妈妈不好，没给我安排一个好工作。"那么，儿子岂不是要怨恨自己一辈子！

从医院回到家，我做的第一件事就是把地毯全部收起来，然后一字一顿地告诉儿子："以后你要记得穿好拖鞋，再穿丢了，着了凉，那就是你自己不好！"

故事中，正是因为妈妈的纵容，"儿子"才养成了做错任何事都要为自己找借口的习惯，甚至连自己着凉生病也要埋怨妈妈。幸运的是，这位妈妈能够及时审视自己过去教育上的失误，及时改正。也有些孩子因为对妈妈不信任，不愿意把事情的真正原因告诉妈妈，所以用了找借口的方式。这种不信任感往往是因为妈妈们较少关注孩子的感受和需要而导致的。对这种情况，妈妈们平时要注意多与孩子进行沟通，同孩子一起寻找解决问题的办法。

2. 要孩子为自己的过失“买单”

随着年龄的增长，孩子应该承担起相应的责任。如果妈妈们不注意对孩子进行责任教育，而是依旧由自己来弥补孩子的各种过错，那么很可能会害了孩子。孩子在做错事后不能获得应有的教训，还会对孩子造成这样的暗示：责任可以由家长来承担。久而久之，孩子就会放任自己的言行，养成不负责任的品格。

一个女孩为了周末能多睡一会儿，把自己的闹钟拨慢了一个小时。但周末睡了懒觉后，她却忘了把闹钟调回去。星期一的早上，已经快到上课的时间了，妈妈发现女儿还在睡觉，看了看她的闹钟，马上明白了是怎么回事。但她并没有叫醒女儿。当女孩像平常一样到了学校，这才发现已经上完一节课了。结果可想而知，她被老师狠狠地批评了一顿。回到家后，心情沮丧的女孩开始埋怨妈妈没有叫她起床。妈妈却说：“每天睡觉前检查闹钟是你的任务，可你为什么没有做到呢？你总是习惯让别人提醒你做你自己的事，但没有人能提醒你一辈子。你要学会自己提醒自己。做错事后反省自己的错误才是该有的态度。”从此以后，这个女孩很少再犯同样的错误。

许多孩子在做错事后，都喜欢让家长为自己承担后果。比如自己赖床迟到了，会让妈妈找理由向老师解释；自己忘了做作业，就怪妈妈没提醒。这不仅会让孩子失去责任心，还会让他不知道反省自己，以致以后一而再、再而三地犯同样的错误。所以，聪明的妈妈要像故事里的妈妈一样，不替孩子承担后果，而是让他为自己的过失“买单”。

鼓励孩子勇于克服困难

孩子在学习生活中，总会遇到来自自身或外部的困难和阻碍。每当这时，孩子是勇于克服困难，还是逃避困难，都会表现得很明显。

来来小的时候特别喜欢玩积木。一天，他画了一座豪华的宫殿，兴致勃勃地把几盒积木合在一起，堆到地上，准备按“图纸”建造属于自己的“宫殿”。但这项“工程”实在是太大了，他搭了整整一个晚上，却只完成了一小部分。

吃过晚饭，来来对搭建“宫殿”失去了耐心，准备上床睡觉了。这时，来来的妈妈主动请求能否让爸爸妈妈两人也参与“宫殿”的建设。来来很高兴地批准了。有了爸爸妈妈的帮助，“工程”进度明显加快。

第二天是休息日，爸爸妈妈带着来来又忙活了一整天，终于把“宫殿”建成了。完工后，爸爸妈妈特意和来来在“宫殿”前拍照留念，还买了饮料一起庆祝。

来来在搭建“宫殿”这件事上有些虎头蛇尾，如果来来的妈妈任由他将积木扔在一边，或者生气地对来来大吼：“都开始玩了，就好好玩下去！”那来来以后很可能就再也没有把“宫殿”搭建起来的意思了。这样，以后他遇到什么事情，可能都会只有三分钟热情，半途而废的。

妈妈们不可能永远为孩子挡风遮雨，孩子总归要独自面对生活中的种种现实。当孩子和困难并肩，与恶意相逢时，当孩子感到愤怒、悲伤和孤单时，该如何微笑面对这一切，并最终抵达胜利的彼岸呢？答案就是要鼓励孩子勇于克服困难，使其形成坚毅的品格。那么，妈妈们具体可以从哪些方面入手呢？

1. 让孩子明确活动的目的

孩子的坚持性与他们的自觉性直接相关。如果他们对活动的目的没有明确的认识，行动往往是即兴的，随意发生的，这样就很难产生克服困难、贯彻始终的坚持性。所以，为了让孩子能较长时间地从事一项活动，做到有始有终，妈妈们要让孩子在活动前就明确活动的目的，同时鼓励他们努力坚持下去，将目标实现。

2. 让孩子独立活动

要尽可能地为孩子创造独立活动的环境，他们在活动的过程中需要克服种种困难，在克服困难的同时，意志力也会得到增强。如果孩子遇到难题，妈妈们也不必急着去帮忙，应该先等一会儿，让孩子自己尝试着解决。当孩子战胜了困难，达到目的时，他们会体验到一种经过努力终于得到胜利的满足感。在这种情况下，他们克服困难的勇气和信心也会随之增强。

3. 在多样化的活动中培养孩子的坚持性

孩子的坚持性只有在不同的活动中，在多次克服困难的过程中才能逐渐形成和培养起来。妈妈们可以经常组织孩子参加一些既力所能及又需要付出一定努力的活动，以锻炼孩子坚毅顽强的品质。

需要注意的是，妈妈们在培养孩子意志力的时候，需要充分考虑他们不同的心理特点。对性格内向的孩子，需要加强对他们果断性和灵活性的锻炼，培养勇敢、坚毅的品质；对性格外向的孩子，需要加强对他们自制力的锻炼，培养沉着、冷静的品质。

增强孩子受挫后的恢复能力

让孩子经受挫折是培养孩子抗挫折能力的一种方法，但是频繁的受挫容易让他们对自己失去信心。所以，妈妈们要引导孩子学会正确地面对挫折，增强他们受挫后的恢复能力和自信心。心理学家认为：对待挫折的良好心态是从童年和青少年时期不断遭受挫折和解决困难的经历中培养而来的。

当孩子遭遇挫折和失败，情绪低落的时候，妈妈们切忌冷言冷语，对孩子吼叫，也不可以用怜悯的态度对待他们，这些都是不可取的。正确的做法是让孩子从受挫的失落情绪中解脱出来，从中吸取经验教训，找出战胜挫折和失败的方法。让孩子在将来的生活中，在独自面对挫折的时候，能够泰然处之。

8岁的家栋对学校的功课应付自如，小小年纪已经是小学四年级的学生了。学校的运动会，家栋报名参加了短跑比赛，却得了最后一名。从没遇到过这样的失败，家栋很难过，很长时间过去了，还没从失意的状态中走出来。

“儿子，还在为运动会的事难过吗？”妈妈问。

“是啊，我居然得了最后一名，太丢人了。”

“你有没有想过为什么会这样呢？”妈妈说，“你比参赛的其他同学年纪都小，他们比你长得高大，腿也比你长很多。我问过你的体育老师，他说你是同龄孩子中跑得最快的，姿势也很棒。这场比赛对你来说并不公平。妈妈相信，等你到‘四年级的年纪’时，一定跑得比他们快。”

听了妈妈的话，家栋很快就从失意中走了出来。

当孩子遇到挫折和失败，妈妈们首先要保持平和、坦然的心态，帮助他们找到问题的症结。家栋的妈妈无疑做到了这点。但在一些妈妈看来，孩子成绩的好坏事关自己的“脸面”。所以，一旦孩子做错了什么或是做事失败了，妈妈自己先觉得面子上挂不住，不能冷静客观地接受。其实，指责、埋怨甚至挖苦，只能给孩子的心理蒙上阴影，很可能导致他们自暴自弃。

5岁的小俊因为紧张，在“宝宝才艺大赛”中的小提琴表演中出现了失误，曲子还没拉完他就哭着跑下了台。台下的妈妈非但没有安慰他，反而又气又急地责怪他：“在家还拉得好好的，怎么一上台就全忘了？这么多天都白练了。你可真是够笨的，居然还有脸哭！”

小俊妈妈的做法是最不可取的。遇到这种情况，明智的妈妈可以先肯定孩子的成绩：“其实开头的段落你拉得还是不错的。因为这是你第一次当着这么多老师和小朋友的面表演，所以紧张是难免的，以后再有几次这样的机会，你就会慢慢适应了。”或者在孩子登台前告诉他，我们的目标只是试一试，而不是成功，即便是失败了，也能从中有所收获。这样，孩子的内心就会轻松许多。

当孩子遇到挫折的时候，妈妈们要及时对他们进行心理疏导。针对不同情况，还可以适当教授孩子一些方法，让他们学会对挫折心理进行调试。具体可以从以下几个方面入手。

1. 引导孩子合理释放情绪

有些孩子在遭受挫折后，将苦恼闷在心里，把自己关在房间，不愿见人。长期下去，思想压力过大，心理包袱过重，会对孩子的身心健康造成不利影响。妈妈们要采用适当的方式让他们将苦闷的心情宣泄出来。比如用交谈或书信的方式提醒孩子，他可以向亲人、老师和朋友倾吐内心的压抑之情，取得他们的理解和帮助，以缓解心理压力；也可以鼓励孩子通过日记的方式宣泄心中的不快，从而稳定情绪，理清思路，维护心理的健康。

2. 教孩子转移目标

孩子受到挫折后往往情绪不稳定，或是闷闷不乐，或是焦躁易怒。这时，妈妈们可以引导他们转移注意力，来消解紧张心理。比如陪他们外出游玩、一起看场电影或是谈论他们爱好的体育明星，借此分散他们的注意力，抵消他们心中的烦恼，消除他们的挫败感。

3. 帮助孩子及时补救

适当的刺激和压力能够有效调动人体内的积极因素，人们的很多成就往往是在挫折和逆境中做出的。待孩子遇到挫折、情绪稳定后，妈妈们要和孩子一起，从客观、主观、目标、环境、条件等方面冷静分析受挫的原因，总结经验教训，如果可能，可以采取有效的补救措施。

总之，妈妈们要能够引导孩子在“黑暗”中看到“光明”，鼓励他们正确对待困难，克服困难并最终战胜困难，让孩子在挫折中获取知识、增长见识，抓住机遇，在困境中再次崛起，体会征服挫折的快乐。这样，将来无论他们面对任何困难和挫折，都能从中解脱，重新振作。

让孩子懂得“满招损，谦受益”

“满招损，谦受益”，这句话的意思是骄傲会使人有所损失，谦虚会使人得到益处。谦虚是中华民族的传统美德，它能使一个人面对成功、荣誉时不骄傲，把它视为激励自己继续前进的力量，而不会陷在荣誉和成功的喜悦中沾沾自喜。

然而，有的孩子容易产生骄傲自满的情绪。而妈妈们为了增强孩子的自信心，经常表扬他们，也会导致他们不能正确认识自己，以致逐渐地放松对自己的要求，缺乏前进的动力。所以，对于骄傲自满的孩子，妈妈们一定要及时予以纠正，让他们正确认识问题。那么好妈妈应怎样培养孩子谦虚谨慎的品质呢?

1. 帮助孩子全面认识自己

骄傲的孩子往往将自身某一方面的优势片面地扩大化，过高地估计自己，从而忽略了自己的短处，他们总是拿自己的长处和他人的短处相比，还为此而沾沾自喜。这样下去，孩子很容易变得狂妄自大。妈妈们要让孩子全面认识自己，让他们认识到自己只不过是在一个很小的范围内略有优势，如果骄傲懈怠的话，将会很难再进步。当他们能够正确衡量自己，就不会轻易产生骄傲自满的情绪了。

2. 让孩子认识到骄傲的危害

骄傲不同于自信。自信是一种积极的人生态度，能够使人乐观上进；而骄傲是一种对自身认识不全的表现，是盲目乐观，会让人不思进取。但有些孩子却混淆了两者，把自己的那点小得意看成了自信的表现。这时妈妈们就要帮助孩子加以辨别。

小薇成绩优异，还一直担任班长一职。为此，她很得意，人也变得骄傲起来——上课不再认真听讲，对同学的请教也显得很不屑。

妈妈从老师那里了解到这些情况后，决定开导开导小薇，她问小薇："你知道同学为什么选你当班长吗？"小薇想了想，回答道："因为我成绩好、人缘好。"妈妈点点头："说得对。可那些都是你用勤奋和努力换来的。但现在的你只顾着享受这些成果，没有将这些优点保持下去。这样的话，下次你还能被选上吗？还能当班长吗？"小薇羞愧地低下了头。妈妈继续开导她："如果你的朋友取得成绩后对你不理不睬，你想你还会和她像过去那样亲近吗？"小薇若有所思地摇了摇头。

任何成绩的取得都只是阶段性的、局部的。学海无涯，一时一事领先就忘乎所以，恰恰是知识不够、眼界不宽的表现。如果孩子总是处于盲目的优越感中，对自己的要求就会逐渐放松，那么即使一时优秀，最终也会变得平庸。骄傲自大、目中无人的孩子，还往往让人敬而远之。所以妈妈们要让孩子认识到骄傲带来的这些危害。

3. 让孩子正确对待批评和建议

一个能够接受批评的人往往能够比较清楚地认识到自己的缺点。孩子在评论自己的时候出现偏差，很可能是"不识庐山真面目，只缘身在此山中"。为此，妈妈们要让孩子摆正态度，悉心听取他人的批评和建议，不断充实和完善自己。

另外，妈妈们应该开阔孩子的胸怀，引导他们走出自我的狭小圈子，让他们了解更多成功人士的成就和才能。同时，要让孩子意识到，他们取得的成绩确实是自己努力的结果，但也不要忘记其中还包含着家长的培养、老师的教诲和同学的帮助。

告诉孩子诚实守信是做人之本

“人无信不立”，每个人都不可避免地要与别人打交道，诚实守信是与人交往合作的首要原则。如果一个人失去了诚信，就等于失去了一切。好妈妈会主动对孩子进行诚信意识的教育，让他们明白什么是诚信，诚信有什么重要意义，并督导他们恪守诚信。这样，孩子才能得到他人的尊重和信任，赢得真诚的朋友和友谊，将来在事业上得到更好的帮助，从而在社会竞争中立于不败之地。那么，妈妈们该怎样做才能培养出“言必信，行必果”的孩子呢？

1. 培养孩子的诚信，要从点滴做起

妈妈们应该要求孩子从小讲真话，犯错后勇于承认并能及时改正，做到言必信、行必果。对媒体上有关坑蒙拐骗行为的报道，妈妈们要态度鲜明地进行评判，让孩子坚信，弄虚作假的行为一定会受到严惩。妈妈们还可以给孩子讲一些与诚信有关的故事，并和孩子一起讨论有关诚信的话题。

2. 及时对孩子的表现做出表扬或批评

对孩子进行表扬和批评，越及时越好，这有助于孩子更好地明白自己哪里做得好或者不好，以后该怎样做、不该怎么做。所以，如果发现孩子有不诚信的言行，妈妈们要及时纠正，不能因为工作忙等原因忽略了这些小毛病。发现孩子有讲诚信的言行时，妈妈们要立刻进行表扬和鼓励。这样，孩子会因为得到你的支持而产生成就感，从而将良好的行为继续保持下去。

不知从什么时候起，7岁的爱玛养成了说谎的习惯。由于她编的谎话太多，有时连她自己都分不清哪些是真话，哪些是假话。老师将这种情况告诉了爱玛的妈妈，妈妈的第一反应是愤怒，她没想到自己的孩子会谎话连篇，她也想过狠狠地训爱玛一顿，可是转念一想，自己也有错，因为自己工作繁忙，忽略了对女儿的教育。于是她下定决心要多关心爱玛的生活，改掉爱玛喜欢说谎的坏习惯。

为了帮助爱玛，每当爱玛说自己在学校取得了怎样的成就，比如说测验得了第一名时，妈妈都会打电话向老师求证，然后告诉爱玛求证的结果。

同时，妈妈改变了用问句和爱玛对话的习惯，不给爱玛说谎的机会。她不再像过去那样问爱玛有没有写完作业，之后就不再管了，而是即使爱玛百般狡辩，她也还是坚持要求爱玛将作业交给她过目。最后，爱玛发现谎言在家里已经行不通了，只好开始说实话。

一天，妈妈问爱玛有没有刷碗，爱玛回答："没有。"妈妈立刻称赞她："我很高兴你能告诉我实情。这次我不会因为你没有刷碗而惩罚你，因为你很诚实。但是刷碗是你应该做的工作，你必须完成，刷好了碗你才可以做其他事情。"

在妈妈有意识的引导下，爱玛意识到，实话实说并不会给自己带来不好的后果，结果也还不错。于是她决定做个诚实的人，渐渐地，她喜欢上了真实的自己，也不再用谎话来美化自己。

此外，妈妈们要让孩子从小就形成这样的认识：诚信是很珍贵、很脆弱的，建立良好的诚信要靠十次、百次的守信行为，而毁掉它，只需要一次就够了。

这样做可以让孩子不说谎

大多数妈妈在教育孩子的过程中都会遇到孩子说谎的问题。面对孩子的这种行为，妈妈们常常束手无策，不知道孩子为什么要说谎，担心孩子说谎是品质出了问题，所以就调动自身所有的聪明才智，身体力行，设法使孩子远离这种恶习，甚至对孩子吼叫训斥。其实，说谎是每个孩子成长过程中必然经历的一种现象，妈妈们大可不必如此着急。对于孩子来说，说谎的原因是多方面的，性质各不相同，不能一概而论。一般来说，孩子说谎是出于以下几个原因：

第一，想象与现实混淆。

这种情况大多发生在 6 岁以下的孩子身上，这个年龄段的孩子，往往分不清幻想与现实的界限，同时他们的脑子里又充满了幻想，而他们的记忆力却很差，常会把一件事同另一件事混淆在一起，也常会把脑中幻想的事情当成真实发生的事讲出来。这种撒谎是无意的，属于幻想型撒谎。

第二，满足心理需求。

小冉听别的宝宝说去游乐场玩飞船了，她虽然很羡慕，但嘴上却说：“我妈妈也带我去了，我们开的汽艇可快了！” 攀比心理是导致小冉说谎的原因，这也是无意撒谎，她只是为了满足自己的虚荣心。还有些孩子为了取悦父母、老师，以赢得他们的表扬而撒谎，这也是为了满足自己渴望受人关注和被人表扬的心理需求。

第三，逃避惩罚。

孩子弄坏了东西却把责任推得一干二净，或者干脆不承认是自己干的。这是孩子为了保护自己免受惩罚而撒的谎。特别是当家长总是对孩子大吼大叫或平时管教比较严厉时，孩子害怕大人打骂就采取说谎的方式消除恐惧心理。

第四，模仿大人。

许多妈妈意识不到自己一些微小的行为给孩子带来的影响。例如，不喜欢见某人，就教孩子说“如果某人来找我，就说我没在家”；做了不愿让丈夫知道的事，也对孩子说“别让你爸知道”；说到做不到，给孩子开“空头支票”等。由于妈妈在孩子心目中具有一定的威信，孩子会认为妈妈做的都是对的，自然也会说谎成性。

超子是个5岁的小男孩。一天，他踢球的时候不小心打碎了邻居家的花盆。当时邻居家没有人，超子赶紧跑回了家，把经过告诉了妈妈。妈妈听后告诉超子：“没人看到就好！如果有人问起你来，你就说不知道。千万别说是你打碎的，不然邻居会骂你的！妈妈还得赔人家的花盆。”超子按妈妈的吩咐做了，妈妈还夸他“真聪明”。但超子的妈妈怎么也不会想到，通过这件事，超子得出了一个结论：“原来妈妈喜欢说谎的人，那以后我也不能对她讲真话了。”

了解了孩子说谎的原因，妈妈们应该怎么做才能让孩子不说谎呢？

1. 帮助孩子区分想象和现实

在孩子三四岁时，妈妈们要开始帮助他们学会分辨什么是真实的，什么是虚幻的。例如，做游戏时，家长扮成大老虎，孩子觉得害怕，这时可以跟他解释什么是假的。待孩子稍大后，家长可以把科幻电影、童话故事、戏剧中的人物当成例子，告诉孩子现实与想象的区别。

2. 制定一些规则并严格执行

要防止孩子说谎，教育孩子诚实，只靠讲道理是行不通的，必须要有行为规范的具体要求，让孩子从小就按诚实的标准来严格要求自己，自觉养成良好的习惯。因此，家长要针对孩子的实际情况，提出“几要几不要”的具体要求，如不说假话，不编瞎话，不讲大话，不谎报成绩，不拿别人的东西，借别人的东西要还，有了错要勇于承认等。这些规则一经提出就要严格执行，绝不能朝令夕改。

3. 不给孩子说谎的机会

如果妈妈们已经确定孩子打碎了花瓶，就不要一直盘问孩子“花瓶是你打碎的吗”，那样只会让孩子把谎话编得越来越圆。正确的做法是，为孩子创造一个允许说真话的宽松环境，让孩子知道犯错是在所难免的，勇敢地承认并改正就行了。

4. 不惩罚认错的孩子

在现实生活中常有这样的事：孩子说今天在学校受到批评或者考试不及格，父母往往会不由分说地严厉批评孩子，甚至体罚孩子，希望用严厉的惩罚让他吸取教训，而孩子不说真话反倒能平安无事，甚至还可以赢得父母的赞赏。这样一来，当孩子下次犯了什么错误或考试成绩不好时，他就会想方设法地隐瞒事实以逃避惩罚。

因此，正确的做法应该是，当孩子第一次告诉你他在外面闯了什么祸或考试不及格时，妈妈们首先要对孩子的诚实提出夸奖，然后冷静、耐心地听孩子的想法和解释，和孩子一起分析错误的成因、根源，再制定解决问题的对策。这样孩子以后就不怕对你讲实话了，有了困难也愿意找你帮忙。

任何行为都是在初始时最容易矫正。所以，当妈妈们发现孩子第一次说谎时，要把它当成一件大事来抓，决不能掉以轻心。只要处理好了第一次，就能有效减少孩子之后撒谎的概率。

让孩子用宽容之心面对生活

什么是宽容？美国著名作家马克·吐温曾做出这样的解释："一只脚踩扁了紫罗兰，它却把香味留在了你的脚上，这就是宽容。"简而言之，宽容就是包容以及原谅他人的过错。

但是，现在的孩子很多都缺乏宽容大度的品质。一项针对中小学生的问卷调查显示，关于"你会怎么对待过去欺负过你或严重伤害过你的人"这个问题，29.9%的孩子表示会原谅对方，近24%的孩子表示很难原谅或绝不原谅，其余的孩子则表示可以原谅但不会忘记。

事实上，宽容是一种非常珍贵的品质，它对孩子情感的健康发展以及良好人际关系的建立有着非常重要的意义。

宽容大度的孩子往往心地善良、性情温和、受伙伴拥护，而缺乏宽容心的孩子大多不容易被人亲近，人际关系往往也不够好。所以，好妈妈要十分注重培养孩子宽容大度的品质，这会为孩子将来走入社会奠定良好的基础。那么，妈妈们如何做才能让孩子学会用宽容之心面对生活呢？

1. 做出宽容的榜样

孩子最初是从家长那里学到待人接物的方式的。家长遇事不斤斤计较，能与他人融洽相处，孩子也会学着家长的样子处理与他人之间的关系。

一位母亲带着4岁的儿子去温泉度假村玩。因为儿子不喜欢泡温泉，母亲就自己一个人去，离开前把他交给了工作人员。因为那天去玩的孩子比较多，工作人员一时疏忽，把她儿子一个人留在了网球场。母亲找到他时，男孩正因为受到惊吓而哭得非常伤心，一位满脸歉意的工作人员正在旁边安慰他。

看着哭得惨兮兮的儿子，母亲压着心中的怒火，没有责备工作人员，而是蹲下来安慰儿子，并且对他说："已经没事了。你看，这个姐姐因为找不到你既紧张又难过，她并不是有意的。现在，你应该亲亲姐姐，安慰她一下。"

儿子听了，擦了擦眼泪，踮起脚尖，轻轻地亲了亲一直蹲在他身旁的工作人员的脸，并柔声告诉她："不要害怕，已经没事了。"

2. 教孩子学会换位思考

换位思考的实质，就是设身处地为他人着想。做到这一点，就能够减少很多不必要的矛盾。一般来说，只要不涉及原则性问题，都是可以谅解的。当孩子与别人发生矛盾时，妈妈要教育孩子暂时放开自己的想法，以对方的情况为出发点，去体会对方的感受，理解对方的行为。这样，孩子往往会看到问题的另一面，从而渐渐形成宽容的品格。

期末考试，小帅发现语文老师在算分数时，少给自己算了2分。自己的名次本来应该是第三名的，却因为少了这2分排到了第五名。小帅很生气，一回到家就向妈妈抱怨老师的粗心大意。

妈妈听了，对小帅说："老师很辛苦，为了让你们早点知道成绩，连夜批改了那么多试卷，难免有些疏漏。丢了2分又有什么关系呢？这并不影响你对知识的掌握。至于名次，妈妈觉得不重要，没有必要计较。以后有的是机会，只要下次考好，你不仅可以得第三，还有可能拿第一呢。你说是不是这样？”

听了妈妈的话，小帅仔细想了想，慢慢地心平气和了。之后，小帅开始更加努力地学习，下次考试，他得了第一名。

又有一次，同桌不小心弄坏了小帅心爱的钢笔。小帅很生气，下定决心再也不跟他说话了。妈妈知道了这件事后，开导小帅说：“两个人坐得这样近，这种事难免会发生。你不是也曾经弄坏了邻居小哥哥的变形金刚吗？那都不是有意的。同学弄坏了你的钢笔，你可以自己动手修一下，看看是不是还可以接着用。”

小帅想了想，觉得妈妈说得很有道理，便主动原谅了同桌，两个人和好如初。

后来，有一次小帅不小心弄脏了同桌的衣服，同桌想起自己之前弄坏小帅的钢笔他都原谅了自己，便也笑着说没关系。两个人就这样变成了特别要好的朋友，小帅也因为这件事情明白了与人交往要宽容大度一些。

生活中，每个人都不可避免地会与别人打交道。宽以待人，能让敌人成为朋友；斤斤计较，却有可能把朋友变成敌人。小帅的妈妈抓住每一次机会，引导小帅学会宽容待人，所以小帅才能成长为一个心胸宽广、受人欢迎的孩子。

3. 让孩子明白“人无完人”的道理

好妈妈要让孩子明白，世上没有完美无缺的人，每个人都有这样或那样的缺点，总会犯下或大或小的错误，他自己也不例外。如此一来，孩子就不会用苛刻的态度去对待他人，而是用宽容的心来接受他人的不足和错误了。

培养孩子的博爱之心

一位母亲和她的儿子走进一家快餐店。他们坐下来点餐时，门外走进来一个人。这个人能引起他们的注意，是因为他有些特别：他穿着一件破烂的上衣，微驼着背，缓慢地走到一张又一张还没来得及收拾的餐桌前，仔细地检查每个盒子，寻找着别人吃剩的食物。

当他拿起一根炸薯条放到嘴里时，男孩对母亲耳语道："妈妈你看，那个人在吃别人吃剩的东西。"

"他饿了，可是没有钱买吃的。"母亲低声对儿子说。

"那我们能给他买一个汉堡包吗？"

"我想他只吃别人不要的东西。"

这时，服务员给母子二人送来了他们点的外卖食品。男孩突然从餐袋里拿出一个汉堡包，咬了一小口，然后跑到那个人坐的地方，把它放在他面前的餐桌上。这个乞丐很惊讶，感激地看着男孩转身和母亲一同离开。

一个汉堡包并不值多少钱，但孩子咬了一口，然后送给了乞丐，这个汉堡包就是无价的了。它的无价之处在于，里面藏了孩子的一颗爱心，一颗善良的种子。

对于孩子的个性发展而言，没有比爱和善良更重要的了，这是他们将来能够亲和社会的基础和前提。所以好妈妈要有意识地培养孩子的博爱之心，不仅要为他们创造一个被爱的环境，还要让他们学会如何去爱别人。

那么，妈妈们具体应该怎样操作呢？

1. 妈妈自己要拥有一颗博爱之心

家庭是孩子成长的沃土，孩子的性格、品德首先是在家庭中养成的。妈妈更是孩子的榜样，一言一行都会对孩子造成影响。所以，要培养孩子的爱心和同情心，妈妈先要以身作则，关爱他人。

2. 让孩子在生活中学会如何去爱

生活中有许多琐碎的小事，看起来微不足道，却会对孩子的成长产生重要的影响。妈妈们应从身边的一点一滴做起，不失时机地教育孩子。比如：在家里，可以让孩子倒杯水给满头大汗的快递员叔叔。在公共汽车上，妈妈可以对孩子说："你看，那个阿姨抱着小妹妹多累呀，我们把位置让给她们吧。"邻居老奶奶生病，子女不在身边，妈妈可以带孩子去探望，帮她做些事。新闻报道里有需要资助的人，妈妈可以带孩子一起去捐款，献上一份爱心。妈妈们要用这些日常生活中可以做到的小事来熏陶孩子，让他学会用行动关爱他人。

3. 对孩子进行移情训练

妈妈们可以引导孩子把自己痛苦时的感受与别人在同样情境下的体验加以对比，以体会别人的心情，让孩子学会理解别人，以激发孩子的爱心。

大力是个有些大大咧咧的男孩子，不太懂得关心小伙伴。一天，小军跑步摔倒了，他却站在一旁哈哈大笑。妈妈看到了，问他为什么不扶小军起来。他竟然若无其事地说："关我什么事？又不是我让他摔跤的。"妈妈看到这种情景，没有大声训斥大力，而是决定帮大力改改这个毛病。

没过几天，大力也摔了一跤，把膝盖磕破了。他委屈地告诉了妈妈。妈妈故意轻描淡写地对他说："你自己去社区医院上药吧。"

大力哀求妈妈："妈妈背我去吧。"

妈妈毫不心软地回敬他："关我什么事？又不是我让你摔跤的。"大力伤心地哭了。

这时，妈妈适时地教育他："受人奚落的滋味好受吗？"大力摇摇头。

从此以后，大力逐渐变得懂事起来：哪个小伙伴生病了，他会带着新买的玩具去看望；见到大孩子欺负小孩子，他也会主动站出来讲道理。大力的善解人意让小伙伴们感觉到安全和快乐，于是大家都愿意和他在一起玩。

当孩子在日常生活中对周围的人和事比较冷漠的时候，妈妈们一定要特别关注，及时引导他们。大力的妈妈就是个有心人。

4. 让孩子把关爱的情绪扩展到人以外的事物上

有喜好的妈妈可以在家里养些猫、狗、金鱼之类的小动物，或是种几盆花草，让孩子负责照顾，在这个过程中注意激发孩子的爱心，让他们学会体贴入微地关爱生命。

感恩与回报，孩子的人生必修课

我们从来到这个世界的那一刻起，就无时无刻不在接受着各种“恩赐”：父母的养育、师长的教诲、朋友的关爱、大自然的慷慨赐予……然而，有很多人把这一切视作理所当然，没有丝毫的感恩之心。这种现象在个别孩子身上表现得尤为突出。他们从小到大一直扮演着被爱的角色，久而久之，就会变得只知道索取，不知道回报，也不会想到要去关心别人和感激他人。父母不遗余力地呵护孩子，甚至超出了自己的能力，孩子却仍然觉得不够满足，稍有不如意，便怨天尤人。

为什么会出现这种情况？主要原因是家长忽视了培养孩子的感恩意识。学会感恩、知恩图报是一个人最起码的道德品质，同时也是培养孩子责任感的重要基础。只有懂得感恩的人才会懂得付出，有了感恩之心，才会觉得自己有责任去回报社会，也才会对自己所做的事负责。那么，妈妈们要如何让孩子学会感恩、知恩图报呢？

1. 让孩子学会感恩父母

让孩子学会感恩，要从家庭教育开始，从孩子小的时候就着手进行。妈妈们首先要做的，就是让孩子懂得感谢自己。

一位母亲把所有的爱都倾注在了儿子身上。为了儿子，她辞去了优越的工作，一心一意地做起了全职妈妈。她把儿子照顾得无微不至，甚至连一顿饭要吸收多少热量，她都要做精确的计算。

一天，这位母亲感冒发烧，卧床休息，没能像往常一样，在儿子放学到家前准备好丰盛的晚餐。她想，自己平时那么疼儿子，儿子回来看到自己憔悴的样子，一定会很心疼。儿子回到家，看到餐桌空空的，就来到母亲的房间。就在母亲用期待的目光看着儿子，希望儿子能用小手摸摸自己的脸，说出关心的话时，令人心寒的一幕出现了。儿子的脸上满是质疑和愤怒，大声呼喝母亲："我都饿坏了！你怎么没给我做饭？"母亲简直不敢相信自己的耳朵，自己付出了所有心血养大的儿子，在自己生病的时候竟然会对自己说出这样的话！

母亲几乎为儿子付出了全部，可是当儿子看到生病在床的母亲时，却发出了冷漠的质问。事实上，如果追溯根源，儿子会变成这样，很大一部分原因在这位母亲自己身上。正是她对孩子的过度溺爱，才使得孩子衣来伸手饭来张口，从小便觉得母亲的付出和爱是理所当然的，不需要回报。所以，当她生病时，儿子非但不懂得体恤，反而责问她为何没有做饭。

要让孩子学会感恩，首先就要让他懂得感念父母的养育之恩。因为父母是孩子的至亲，如果对父母的关心、疼爱不懂感恩的话，那么孩子对别人就更加不会懂得感恩了。所以，妈妈们应该在日常生活中启发孩子学会用感恩的心态去面对父母的付出，还应该让孩子分担一些力所能及的家务，让他感受父母的辛苦，学会用行动来关爱父母。

2. 让孩子学会感恩他人

妈妈们可以有意识地通过一些与家庭或孩子有关的事例让孩子懂得，人的成长，除了父母的培养，还离不开社会和他人的帮助。这能培养孩子感恩社会、乐于助人的品质。比如当孩子提起某个老师或同学对他的帮助时，妈妈可以让孩子打个电话表示感谢。

3. 让孩子懂得感恩无处不在

妈妈们不要让孩子觉得感恩是一件高不可攀的事，在孩子夸口以后有成就了如何回报父母的时候，家长要告诉他们，其实可以从现在做起，从小事做起。

小易从整箱苹果里挑出一个最大最红的，反复擦洗了好几遍。晚上，妈妈下班回到家，小易马上把苹果送给妈妈。妈妈看了一眼，对小易说："这个苹果真是又红又大啊。你最小，还是你留着吃吧。"小易又把苹果拿给爸爸，也被拒绝了。看着手里送不出去的苹果，小易心想：老师是骗人的，还说什么孝敬父母会让他们很感动，还会得到表扬，明明他们都不理我。

有时候，妈妈们包办好了生活中的一切，孩子想要尽孝却没有机会，这必然会削弱孩子的感恩之心。所以，妈妈们要懂得给孩子奉献孝心的机会，哪怕只是一个水果，也不要轻易推辞。只有你接受了，并且给予感激和赞赏了，孩子才会有下一次的孝心行动。久而久之，孩子才会养成自觉孝顺长辈的习惯。

4. 妈妈要起到榜样作用

为了让孩子学会感恩，妈妈们还应以身作则，为孩子作表率。平时工作再忙、再累，都要在假期带孩子去看望双方的老人；每逢年节、老人生日时，都要和孩子一起为老人选购礼物；春暖花开时带孩子一起陪老人外出游玩，赏花观景；朋友送来的稀有食品先给老人留出一份，等等。也就是说，妈妈们要用自己对长辈的关爱来潜移默化地感染孩子，让孩子拥有一颗感恩之心。

Part 7

培养兴趣，要尊重孩子的天赋和潜能

怎样尽早发现孩子的天赋

所谓天赋，是指某些人所具有的发展某方面才能的特殊素质。任何一个正常的孩子都有自己的天赋：例如有的逻辑思维强，有的形象思维强。然而这种“天生”的天赋，仅仅是生物学意义上的天赋，如果没有适合表现天赋的环境和激发天赋的教育，那么，孩子的天赋也许就被无声无息地埋没了。

麦克斯韦是19世纪英国著名的数学家、物理学家，他之所以能取得如此成就，与他父亲从小对他的培养分不开。然而，他父亲发现他的数学天赋纯属偶然。

一次，父亲教幼小的麦克斯韦练习静物写生，所画对象是插满金菊的花瓶。当他父亲看到他的画作后不禁哑然失笑，原来麦克斯韦画了满纸的几何图形：花瓶是梯形，菊花是圆形，叶子是三角形。这让父亲看到了他的数学天赋，并因势利导对他进行教育，最终使他在数学领域做出了非凡贡献。

试想，如果麦克斯韦的父亲见了麦克斯韦的画作后，不是顺其天赋因势利导，而是一笑了之，或者吼叫斥责他不认真画画，结果又将会怎么样呢？恐怕麦克斯韦既成不了画家，也成不了数学家。因此，尽早发现孩子的天赋，发现孩子的特殊才能，然后加以培养与引导，是每一位家长的职责。

孩子的天赋是在日常生活和学习中流露出来的，一般来说，这种天赋的早期表现分为以下三种形式：

1. 偏爱

对某类事物发生兴趣，特别偏爱。例如特别喜欢音乐，非常热衷于玩弄乐器，或专爱舞文弄墨等。相比于其他行为，这种偏爱显得非常突出。

2. 敏感

对某些事物十分敏感。例如：一听到音乐便会不由自主地手舞足蹈；一听到书刊出版消息便会迫不及待地购买；一听到有关某方面的展览便会抢先参观等。相比其他行为，这种敏感显得特别专一，具有一定的特征。

3. 探索

对某些事物会持之以恒地探索。例如专门喜欢钻研数学，痴迷于化学实验，等等。此外，探索的另一种表现是，对某一题材的内容会不厌其烦地问来问去，或者凡是有不明白的事总要向人讨教明白。

懂得了孩子的天赋表现，妈妈们可以有意识地对孩子进行诱导与测试。如从交谈中、游戏中、讲故事中、外出旅行中和日常生活中去观察孩子是否具备文学、数学、物理、化学、音乐等方面的天赋。也可以有意识地让孩子接触某些事物，例如围棋、绘画、钢琴、运动等，为孩子创造接触这些事物的条件与环境，细心观察孩子对哪一样特别感兴趣，对哪一样会锲而不舍地继续下去，哪一样的成绩会进步飞快。知道了天赋在哪里，才能有针对性地培养孩子。

抓住孩子智力开发的关键期

有研究表明：假定成人的智力水平为100%，那么孩子从出生到4岁的智力就发展了50%，而到了8岁，孩子的智力已经发展了他们整个人生智力水平的83%～90%。这意味着，一个孩子是否聪明，在八九岁的时候就基本定型了。

虽然有不少家长对孩子进行了早期教育，但收效甚微。究其原因，关键在于教育方法不对路。其中，最重要的一点就是没有抓住孩子智力开发的关键期。

智力开发的关键期也就是智力开发的最佳时期。孩子的观察力、想象力、记忆力都是在这时形成的。好妈妈要在这一时期从多种能力的培养入手，有计划、有步骤地开发孩子的智力，从而取得事半功倍的效果。一旦错过这些关键期，再想开发孩子的智能，效果就明显差一些。

那么，哪些阶段是开发孩子各种智能的关键期呢？专家研究后得出如下结论。

0～1岁，声音辨别关键期

孩子出生1周后，就能辨别出妈妈的声音，4周后就具有了对不同声音的辨别力。妈妈们可带着孩子多与周围的人接触，让他感受各种类型的声音。也可以和孩子做有关声音的游戏，比如模仿猫叫、鸭叫等，并鼓励孩子模仿，可以在不同地方呼唤孩子的名字，让他能够转向发音的方向，找到声源。

0 ~ 2岁，动作发展关键期

动脚丫、拍手、爬行……这些动作发展的关键期在2岁以前。只要条件合适、外界刺激合理，孩子的动作就能得到顺利发展。妈妈们可以与孩子做一些相关的游戏：在他的床头挂上一些色彩鲜艳的小球，或给他一些鲜艳的图书、发声的玩具、布娃娃等，使他双手能够抓到，以锻炼他的手眼协调能力；在孩子六七个月时多给他创造爬的机会，如在他的前方放置一两件玩具，妈妈们用双手推着孩子的脚，训练孩子爬行；等孩子再大一些，妈妈们可以握住孩子的手指，边说边指布娃娃的眼睛、鼻子等部位，或者和孩子一起念五指歌，边念边指手指。

2 ~ 3岁，口语发展关键期

2 ~ 3岁是孩子学习口语的关键期。在正常语言环境中，这一阶段的孩子学习口语最快、最巩固，容易获得口头言语的能力。如果在这个阶段孩子的口语发展遇到障碍，那以后要进行弥补将会困难重重。

1920年，一位名叫辛格的心理学家在印度丛林中发现了两个“狼孩”，她们在婴儿期就被狼叼去并由狼哺育长大，年长的约8岁，年幼的一岁半。尽管她们具有人脑的特征和人的外形，但却没有人的行为和习惯，也不会说话。不久，年幼的那个孩子就死去了，辛格花了很大的精力去教年长的那个孩子，她也只能听懂几句话，仅仅能说出6个单词，七年之后也只会说出45个单词。

可见，孩子一旦错过口语发展的关键期，即使以后再努力学习，想要学好口语也是非常困难的。因此，妈妈们一定要为孩子语言能力的发展提供必要的条件。

妈妈们要为孩子创造良好的语言环境，多给孩子言语交际的机会，例如鼓励孩子朗诵诗歌、讲故事等；利用各种途径帮助孩子掌握新的词汇，在日常生活中和孩子一起谈论看到的、听到的以及正在做的事物，都有益于孩子对语言的掌握；在和孩子说话时要努力做到用词准确、吐字清晰、语法规范，让孩子多接触正确的语言；引导孩子用准确的语言表达自己的想法和要求，对他言语中的错误和缺点，尤其是口吃现象不要加以讥笑，不要故意重复他的错误和缺点，而要耐心纠正。

2～4岁，计数能力发展的关键期

这个年龄段是孩子计数能力发展的关键期，很多有天赋的孩子在这个阶段就已经能够流利地数数了。妈妈们在生活中要多对孩子进行“数量与数字的积累”教育，为他们逻辑能力的进一步发展奠定基础。

妈妈们可以利用日常生活中的各种机会，经常数数给孩子听，或者和孩子一起数数，培养孩子对数与量的理解能力。例如牵着孩子下楼梯时，可以边下边领着孩子说：“一个台阶，两个台阶……”或是带孩子去动物园看动物时，鼓励孩子自己数一数：“一头大象，两头大象……”同时还要注意培养孩子的逻辑能力，如让孩子比较大小，家长可以问孩子：“妈妈手里的苹果大还是盘子里的苹果大？”“你能从盘子里挑出最大的那个苹果吗？”

3～5岁，音乐能力发展的关键期

这一时期，孩子对音乐的感受能力和表达能力都明显提高，如能够分辨不同类型、不同节奏的音乐作品，能够使用学过的词汇描绘感受到的乐曲。妈妈们可以教孩子唱儿歌，也可以选择适合孩子的歌曲、世界名曲、童话故事音乐等，与孩子一起欣赏，同时进行讲解，或让孩子提出问题，开发他的想象力。

在抓住孩子智力开发的关键期时，妈妈们还应注意把握循序渐进的原则。人类神经系统的发育成熟有一定的顺序，孩子的智力发育也有一定的规律，因此，教育孩子应遵循孩子的生长发育规律和知识本身的顺序性，由易至难，由浅至深，切不可操之过急，教孩子一些超过其实际水平和能力的东西，进而影响其智力的发展。

保护孩子的想象力

伟大的科学家爱因斯坦曾经说过："想象力比知识重要，因为知识是有限的，而想象力概括着世界上一切进步的东西，并且是知识进步的源泉。"相对于成人，孩子的想象力更加天马行空，丰富多彩。在孩子眼中，世界是神奇而充满诱惑的。而在一些大人们看起来司空见惯的事情上，孩子却有着他们自己的观察角度与理解方式。因此千万不要小看这些充满稚气，甚至近乎荒诞的"异想天开"，因为那里面很可能萌发着惊人的创新幼芽。所以，好妈妈都会保护和引导孩子的想象力。

一天，一位中国妈妈去幼儿园接儿子。看到儿子正在纸上认真地画飞机，妈妈就没有打扰，而是站在旁边看了起来。可是看着看着，她总觉得儿子的飞机画得很别扭，于是就对儿子讲，他画得不对，这个地方应该这样画，那个地方应该那样画……可儿子还是不管不顾地画自己的。妈妈在旁边看得着急，对孩子吼道："你怎么这么不听话！"然后就握住儿子的手"一起"画了起来，终于画出了一架她认为很像飞机的飞机。但儿子却并不开心。他问妈妈："这是你要的飞机，为什么我就不能画我想要的飞机呢？”

而在一个美国家庭里，一个男孩画了一个蓝色的太阳交给了妈妈。妈妈看完后问他：“你怎么把太阳画成蓝色的了？”男孩回答说：“我画的是海里的太阳。”妈妈听了，很高兴地对他说：“儿子，你画得棒极了！你实在太有想象力了！”

孩子有着丰富的想象力，他们眼中的世界是独特的。他们有时会把大海画成方形的，把陆地画成漂浮的，把阴天的太阳画成带着墨镜的，把满天星星画成手舞足蹈的。一把扫帚，在孩子眼中可以是飞行器，可以当马骑，可以做冲锋枪，还可以用来给雪人当胳膊。这些都是他们发挥想象力、发散思维的结果。孩子那种任意而为、纯真夸张的想象，能激发他们潜意识中所有的潜能，对他们将来的成长大有裨益。如果用成人的思维方式对他们进行粗暴干涉，会扼杀他们的想象力和创造力。相对于很多中国家长，这位美国妈妈的做法就在很大程度上保护了孩子的想象力。

妈妈们千万不要对孩子的异想天开泼冷水，应多加鼓励，从他们的胡思乱想中发现积极的因素，并正确引导。平时，可以对孩子多做一些想象力方面的训练。

妈妈们可以经常提问孩子一些脑筋急转弯的题，鼓励孩子在思考问题时多转几个弯。就像“树上有十只鸟，用枪打下一只还剩几只”这样的问题，幼儿园孩子的答案就比成人的要千奇百怪得多。他们会问，打下来的那只鸟有没有怀孕，这十只鸟里有没有聋子等。这些在成人看来不按常理出牌的提问其实是非常可贵的，值得鼓励和提倡。

妈妈们还可以经常对孩子提一些开放式的问题。比如：孩子说要在火车站里建游泳池，家长就可以问他：“为什么呢？”孩子可能会说：“因为夏天火车站里很热，如果里面有个游泳池，我们就可以一边游泳一边等车了！”接下来，妈妈们可以进一步启发孩子：如果在火车站里建游泳池，要花费哪些东西，会带来哪些不便，最后再决定修不修。如果妈妈一开始就斥责孩子：“真是异想天开，火车站里怎么会有游泳池呢？”那么孩子的兴致一下就被浇灭了，更不要提发挥想象力了。

培养孩子的创造力

“我儿子纯粹是个‘破坏大王’，刚给他买的玩具汽车，拿到手里没两天就被他拆成一堆零件。家里的闹钟和收音机也都遭了殃，被大卸八块。有一次，他还用胶水粘打破的镜子，想要‘破镜重圆’……”谈到孩子的破坏力，很多妈妈会想起自己曾经对孩子的吼叫教育。

成长中的孩子总是对各类陌生的事物充满好奇，并且身体力行，想用自己的双手来探索未知。比如面对轮船模型，他们可能把它拆得七零八落。因为他们想知道它是怎么组成的，而他们在拆卸过程中，往往还能找出多种有创意的玩法。而这，正是他们创造意识萌芽的表现。

妈妈们此时一定要收起吼叫教育的一套，要理解孩子的这种天性，并且加以正确引导，让孩子的创造意识得到进一步深化，因为这不仅有利于他们大脑发育以及自身处理问题能力的提高，更能让孩子从小具有浓厚的求知欲望，养成勇于创造的好习惯，这对他们今后的学习和工作大有助益。儿童教育家陈鹤琴先生就曾经说过：“儿童本性中潜藏着强烈的创造欲望，只要我们在教育中注意诱导，并放手让儿童实践探索，就会提高孩子的创造能力，使儿童最终成为出类拔萃的符合时代要求的人才。”

美国家长尤其重视对孩子创造力的培养。他们会鼓励孩子在卧室的墙上为自己开辟一片领地，挂一个小画板、贴一些自己喜欢的图片，或用艺术字写上自己的座右铭；让孩子自编小短剧在家人面前表演，给孩子创造表现自己的机会；鼓励孩子亲手制作礼物；为孩子准备他们自己专用的家庭工具箱，支持他们种花、植树、养小动物、做小实验、搞小制作等。

在培养孩子的创造力上，妈妈们可以从以下几方面入手：

1. 呵护、激发孩子的好奇心

面对新鲜、未知的事物，人们都有去了解和探索的欲望。孩子对世界的认识是从好奇心开始的，强烈的好奇心会增强他们的求知欲。而在获得知识的过程中，孩子能够体验到求知的乐趣，这种乐趣会激励他们不断探究未知的领域。所以，好奇心对孩子创造性思维与想象力的形成具有十分重要的意义。好奇心是孩子与生俱来的，但如果不好好呵护，就会慢慢消退。所以妈妈们要用爱心和责任心来呵护孩子稚嫩的好奇心，同时，还要善于用拆装玩具、猜谜游戏、为故事编结尾等方式激发孩子的好奇心，并巧妙地引导孩子将对事物一时的探究欲望转化为长久的兴趣和动机。

2. 让孩子多接触新鲜事物

丰富的想象力是创造的源泉，但想象力不是凭空而来的，它也需要丰富的生活实践。人们接触的事物多了，大脑里才能积累丰富的表象，这些表象经过改造、重组，就会产生新的表象，创造也由此而来。平时，妈妈们可以通过多样的形式丰富孩子的生活，开阔孩子的视野。孩子认识的事物越多，想象的基础就越宽广，就越有可能触发新的灵感，产生新的想法。把孩子关在家里，让他们看书、写字、画画的做法，只会把他们培养成书呆子。

3. 指导孩子正确尝试

妈妈们应该积极鼓励孩子的尝试行为，也许他们有些行为不合理，甚至还可能存在安全问题，但家长不要简单地制止，而要有针对性地对他们进行指导。妈妈们可以鼓励孩子进行废物利用的操作，比如用废塑料瓶做装饰品，用玻璃片做万花筒等；还可以让孩子自己动手修理自行车，拆装破闹钟、废手表和旧玩具。这些都能培养孩子的创新能力和动手能力。

最近一段时间，11岁的海洋特别喜欢自己动手做一些小实验。他时常会把一些旧玩具上的零件拆下来，然后重新利用，赋予这些玩具新的生命。客厅里，满地都是被他拆得七零八碎的旧玩具。对海洋的这种行为，爸爸妈妈不仅不反对，还经常鼓励他勤动脑，多动手。

一天，妈妈加班到很晚才回家，发现楼道里的感应灯坏了，漆黑一片。正巧，海洋这两天在做电灯泡通电的实验。一根电线、两节电池、一只从坏掉的手电筒里取下的小灯泡，正负极一连接，海洋很快就让漆黑的楼道亮了起来。

此外，妈妈们还可以利用现有条件让孩子进行一些科学小实验，比如水的三态实验、水中沉浮的规律实验等。因为每个小实验都蕴含着自然科学的奥秘，有助于培养孩子对自然科学的兴趣，激发他们的求知欲和创造力。

让孩子爱上阅读

阅读是人们了解社会的重要方式，也是孩子认识社会和自然界的主要渠道。孩子从很小就会有阅读的兴趣，而随着孩子读的书越多，对书本的兴趣就会越大。

但孩子的阅读能力不是一朝一夕就可以形成的，需要一个循序渐进的过程。作为孩子阅读能力的启蒙者，妈妈们要立足于孩子的阅读现状，在孩子开始进入文字阅读、自主阅读的阶段，提升他们的阅读兴趣和阅读能力，让他们保持阅读的持续性。

浩然特别喜欢看书，只要一有空就书不离手。不过，他看的都是些漫画。为此，浩然妈妈没少朝他吼过，可是吼过也就过去了，浩然还是该看什么看什么。

这天，浩然从同学那里借到一本漫画书。他写完作业就迫不及待地翻了起来。

这时，妈妈走进他的房间，稳定了一下情绪，用很感兴趣的口吻问他："这本书一定很好看吧？"浩然头也不抬地回答："那当然了！"

妈妈接着问："那你能告诉我，从这本书里可以学到什么有用的东西吗？"浩然抬起头，想了想，对妈妈说："没有什么有用的，但是能逗乐。"

妈妈顺着浩然的话说道："我不限制你看哪种书，但有时候，与其浪费时间在一些无聊的消遣上，不如选一些更有意义的书来读。瞧，这本书就很好。"妈妈边说，边把《窗边的小豆豆》递给浩然。

浩然一下就被可爱的封面吸引住了。接下来，他认真地读了下去，发现书里果然有很多既有意思又有意义的东西。

就这样，在妈妈的启发下，浩然逐渐学会了挑选一些适合自己的课外书来读。他的一篇读后感还在学校举行的征文活动中获了奖。

孩子自发地热爱阅读的时间极短。很多妈妈会担心孩子不爱读书，或是像最初的浩然一样，只读一些漫画类的休闲读物。如何抓住孩子阅读能力成长的关键期，让他们爱上阅读，并从中获益呢？妈妈们不妨试试以下办法。

1. 要为孩子创设良好的读书氛围

想让孩子喜欢阅读，可以把一些比较吸引人的书放在孩子每天都能接触到的地方。哪怕只是每天随意翻翻，他们也会慢慢对阅读产生兴趣。妈妈们还可以在家里准备一个书房或类似读书角的空间，布置一些配合孩子身高的书架和坐垫。还可以带孩子去图书馆，让他们感受那里的阅读气氛。

2. 要激发孩子的读书兴趣

孩子对阅读的兴趣在很大程度上是从妈妈们绘声绘色地给他们讲故事开始的。平时，妈妈们应该多抽出些时间陪孩子看书，同孩子一起交流读书的方法和心得，鼓励孩子把书里有趣的故事情节复述出来，再谈谈自己的理解和看法，然后大家一起讨论。在孩子遇到不懂的问题时，让他自己从书中寻找答案。这些做法会让孩子的阅读兴趣变得更加浓厚，阅读水平也会得到提高。

3. 要帮孩子选择适合的读物

妈妈们可带孩子去书店，当好参谋，帮孩子挑选既喜欢，又能融知识性和趣味性于一体的书。要有意识地扩展孩子的阅读面，不要局限于某一个类型。

因材施教，按天性来培养孩子

陈卓夫妻都在政府部门工作，他们有一个儿子叫洋洋。

洋洋从小就爱画画，上了小学后，有时正上着课，他就忍不住画了起来。班主任在看过他的画后，觉得他在这方面有天赋，就建议陈卓夫妇在这方面好好培养培养他。但陈卓夫妇认为学钢琴才有发展前途，才是高贵的，所以他们坚持让孩子去学钢琴，还花了不菲的价钱买了一架钢琴。洋洋每个周末去学钢琴时，总是很不情愿，好几次都是在妈妈的吼叫威胁下才去的。

如今，洋洋即将升入四年级了，却连一首完整的曲子也弹不成。陈卓后悔了，认为当初让孩子去学画画才对。可是洋洋呢，已经对画画失去了兴趣。

“孔子教人，各因其材”，这是宋代理学家朱熹总结的孔子教育学生的方法。可见，古人很早就知道按照教育对象的不同特点，施用不同的教育方法，以获得理想的效果了。而现在有些父母却对因材施教缺少深刻的理解。他们想让孩子出人头地，希望孩子在今后的激烈竞争中取胜，所以很多时候会如故事中洋洋的父母那样，结果事与愿违。这完全是家长没有注重孩子的自然天性，不了解孩子的个性特点，没有对孩子因材施教的缘故。

每一个孩子在智力、禀赋、性格和心理等方面都会表现出他们的独特性，而且每个孩子都有各自的优点和缺点，妈妈们只有先了解了孩子自身的特点，顺应孩子的天性，并采取适合孩子自身特点的教育方式，因材施教，才能达到事半功倍的效果。

具体而言，妈妈们要从以下几点做起：

1. 认识孩子

认识孩子是因材施教的前提条件。每个孩子都有不同的特点，妈妈们只有认识到孩子的优势在哪里，才能据此来调整教养方法，提供和谐的环境，适应孩子的需求，抚育他们健康成长。

2. 不按照自己的意愿要求孩子练习特长

很多妈妈往往会从自己的观点出发，要求孩子去练习某一种特长，或者强迫孩子在一定的时间内掌握一种特技。也许你的出发点是好的，但是如果孩子对此并不感兴趣，或者说他确实不具备这方面的天赋，那么你的强求只会打乱孩子的兴趣和发展。尤其是在音乐、美术、舞蹈等方面，学习者往往需要过人的天赋，再加上后天的练习，才可能在这方面有所建树。但是如果没有认清孩子的现实情况就强迫孩子学习，效果是不会好到哪儿去的。

3. 不生搬硬套别人的育儿方式

曾有一些孩子被视为成功家庭教育的范本，他们父母的教育经验被写成书，受到诸多妈妈的青睐。但当有的妈妈将书中的种种方法应用到自己孩子身上时，却发现处处碰壁，并不成功；还有这样一些家长，他们看了不少育儿书，了解了很多教育理论，但是他们不但没有将这些理论消化变为己用，反而被它们弄得晕头转向，不知该听谁的；也有一些妈妈经常在网上咨询专家“儿子太调皮怎么办”“女儿5岁了，该学哪种才艺好”之类的问题，得到解答后没有经过自己的思考和分析就盲目应用，等发现行不通后只好再次提问。

而上面提到的那些妈妈都有个通病，就是自己懒于思考，容易盲从于某本书或某位专家，喜欢生搬硬套书上或别人的经验。

要知道，没有任何一本书或一位专家的方法可以适合所有孩子，能够解决你在教育孩子中遇到的所有难题。培养孩子是一个极具创造性的工作，因为每一个孩子都是唯一且独特的，所以一切他人的经验都只能借鉴，不能照搬。如果硬要用一个固定的模子来塑造孩子，难免会出现“水土不服”的情况。所以，要教育好孩子，妈妈们必须学会独立思考和分析，要根据自己孩子的特点为他创造出一套“量身定做”的教育方法。

4. 根据孩子的性格选取教育方式

伶伶和俐俐虽然是一对双胞胎姐妹，却有着截然不同的性格。姐姐伶伶做事比较优柔寡断，而妹妹俐俐做起事来却很容易冲动。平时，妈妈总是叮嘱伶伶做事要果断一些，不要犹豫不决，而对俐俐则强调遇事要多想想，三思而后行。在妈妈有意识地引导下，姐妹俩平时玩的游戏也有所区别。伶伶多玩一些需要迅速决断的决策类游戏，俐俐多玩一些需要谨慎思考的棋牌类游戏。结果渐渐的，姐妹俩的性格发展得越来越完善了。

每个孩子的性格都不一样，有的孩子天生敏感、疑心重，有的孩子懦弱、胆子小，有的孩子好胜心强，有的孩子虚荣心强，有的孩子非常果敢、有毅力……针对不同性格的孩子，妈妈们应该采取不同的教育方式。因为只有根据孩子自身的性格特点，选取恰当的教育方式，才能使孩子健康、愉快地成长。

别给孩子的特长进行功利性包装

孩子学习一些才艺特长是一件好事，然而在培养孩子特长的过程中，很多妈妈在里面附加了太多功利性的东西，结果往往适得其反。

大致来讲，妈妈们往往会犯以下错误：

1. 拿孩子的特长作为炫耀的资本

著名作家老舍先生曾经说过："摩登夫妇，教三四岁小孩识字，客来则表演一番，是以儿童为玩物，而忘了儿童的身心教育甚慢，不可助长也。"

在日常生活中，老舍先生口中的"摩登夫妇"数不胜数，他们最喜欢的就是把孩子的特长拿来在同事、亲朋面前炫耀，从不顾及孩子的感受。

星期天，小敏正在书房写作业，妈妈的两个同事来串门儿。不一会儿，妈妈就冲小敏喊道："小敏，来给刘阿姨和王阿姨弹几首曲子吧。"

小敏从书房走出来，向两位阿姨问了声好，然后走到妈妈身边小声说："家里一来客人，您就让我弹琴，这有什么可显摆的？我的作业还没做完呢。"

妈妈瞪了小敏一眼，很想吼她，无奈有同事在跟前，只好低声斥责小敏："我这叫显摆吗？弹几首曲子又耽误不了你多长时间。再说，我们为你学琴花了多少心血，为什么听你弹几首曲子就这么难？每次你都一副不情愿的样子。"

家长都喜欢听别人赞美自己的孩子，因为别人赞美孩子也就等于在夸自己。但孩子需要的是疼爱、关怀和鼓励，而不是炫耀，如果你把孩子当成炫耀品，孩子会认为，妈妈让自己学这学那是为了满足他们的虚荣心，为了把自己当作一种炫耀、显摆他们成绩、"战果"的资本。结局就是，孩子会对学习某种特长产生抵触情绪，并可能由此扩展到对所有的学习都失去兴趣和动力。

2. 将孩子的特长与升学挂钩

近年来，获得特长生资格是进入重点中学的一个重要筹码。为了获得特长加分的资格，考上重点中学，妈妈们让孩子从小就花大量时间和精力学习并非自己特长的"特长"。很多学生是否学特长、学什么特长都由家长决定，而大部分家长做决定的依据，是孩子学这项特长是否对升学有利，他们很少考虑孩子的爱好和天赋，结果这给孩子带来的，只有沉重的负担。

暑假里，小月不满地说："别人考完试都能去玩，就我不能。"

妈妈说："别老想着休息，你学小提琴是优势，得做到万无一失，这样你才能比过别人上重点。明白吗？"

小月嘟囔着："就知道升学、升学！当初我喜欢吹长号，您非让我学小提琴，说是为了升学加分。早知如此，我当初就不学了。"

妈妈生气地吼道："喜欢不喜欢我不管，反正你得给我好好练，准备特长考试、准备考级，不能前功尽弃。"

因为竞争，因为升学，原本属于孩子天赋爱好的特长，因此被抹上了功利色彩。孩子的每一种爱好，一旦有了名利的压力，学起来就不那么有趣了，不仅如此，它还会给孩子造成心理压力。

孩子从产生某种兴趣，到形成爱好，到发展成一定的特长，应该是有一个过程的，而为了升学、加分而学特长只能是拔苗助长，严重者甚至会影响他们今后的学业发展。因此，妈妈们不要过于注重孩子学习特长的结果和可以带来的利益，只要孩子能从中得到快乐、享受艺术的熏陶就足够了。这样，不仅能减轻你和孩子的压力，还能提高孩子的学习。

3. 用孩子的兴趣特长追逐名利

朵唯从小就显示出在书法方面的过人天赋，加上老师的悉心指导，她先后在区、市、全国以及一些国际少儿书法大赛上获奖。

很快，朵唯就声名鹊起，一些媒体记者要采访她，报纸、杂志希望发表她的作品，还有很多人通过各种关系想获得她的作品。

因为贪图名利，朵唯的爸爸妈妈对各种请求可谓来者不拒。起初，朵唯沉浸在成功的喜悦和荣誉带来的赞美中，还兴致勃勃地做这些事情，然而时间久了，这些事情就变成了朵唯的负担和压力，甚至导致她对书法本身也失去了兴趣。

如果父母把名利看得太重，并因此让孩子像完成任务一样来做这些事情，往往会导致“伤仲永”式的结局。

因为如果孩子被迫花费大量时间沉浸在枯燥的反复练习中，玩耍、吃饭、看电视乃至睡眠的时间都被练习侵占了，那么孩子很容易滋生反感情绪。而热爱，才是天赋的催化剂；反感，只能成为天赋的消融剂。

因此，家长对于名利的追求不应该过早地施加在孩子身上，否则不仅做不到名利双收，还会给孩子带来诸多不良影响。

让孩子有一个国际化的视野

随着国际交往的日益密切，越来越多的妈妈们认识到，孩子的教育也应该尽早与国际接轨，这样才能更全面地激发孩子的天赋与潜能。而要让孩子的视野国际化，就需要妈妈们尽早让孩子接触国际化的世界。

有的年轻妈妈觉得孩子会说几句英文就是很好的潜能，可以着重培养，然后不惜花大量的时间和金钱，让孩子上双语幼儿园，还计划着十几岁就送孩子出国留学。其实语言上的一些“天才”表现并不是真正的天赋，孩子天赋和潜能的发掘还需要妈妈们投入更多的精力。

妈妈们要想培养出“国际化”的孩子，就不妨让孩子有一个国际化的视野，而这样的视野并不需要你带孩子周游世界，一些简单便捷的教育方式同样有效。

1. 在家里挂一幅世界地图

这个方法看似简单，却是让可以孩子随时了解世界各国的最好方法。

欢欢还不识字的时候，妈妈就在家里的墙上挂了一幅巨型的世界地图。因为这个，欢欢的妈妈还曾经和爸爸争论过，爸爸说：“挂世界地图干吗，挂我们市的地图多好，出行的时候也能用得上。”妈妈笑着解释：“先让儿子有了世界的眼光，以后也自然会有中国的眼光、家乡的眼光。”

后来，每次全家出去吃饭的时候，如果吃的是西班牙海鲜饭，回到家，妈妈就会让欢欢在地图上找到西班牙，然后一边给他放《西班牙斗牛士舞曲》，一边给他讲有关斗牛士的趣闻；如果吃的是美式快餐，妈妈就会给他讲讲美国的历史，以及美国世界领先的科技和享誉全球的迪士尼乐园，回到家，欢欢做的第一件事就是在地图上寻找美国在哪里。

2. 送一个地球仪给孩子

除了世界地图，地球仪也是个不错的选择，它会给孩子带来更为直观的感受。平时，妈妈们可以引导孩子观看有关世界地理知识和国际新闻等方面的电视节目，看到介绍哪个国家，就和孩子一起在地球仪上寻找一下。久而久之，孩子会形成一种习惯。比如看到动画片《小羊肖恩》，孩子就会想知道它的制作地英国在哪里；看到家里新买的毛毯上有“土耳其制造”字样，孩子就会在地球仪上寻找土耳其的位置。

3. 在孩子的床头摆放有关世界知识的书籍

在孩子小的时候，家长可以引导他多读一些不同国家的童话书。随着孩子年龄的增长，还应该在孩子的床头摆放一些《国家地理》之类的图文并茂、可以让孩子更直观了解世界各地知识的精美图书。这些书会是引发孩子对世界各地不同风貌产生强烈向往的最好媒介。

4. 让孩子在动物园、植物园中认识世界

动物园、植物园往往是孩子最感兴趣的地方。在那里，一般都会注明某种动物或是植物产自何地，有哪些特性。妈妈们不妨带孩子多去这样的地方，并且在对所见动植物的讲解中，让孩子了解当地的气候和特产。当孩子看到威猛雄壮的狮子时，就顺势给他讲讲非洲干旱的特性；看到憨态可掬的企鹅时，就告诉他南极的严寒气候。让孩子在点滴知识的积累中，掌握不同国家的自然风貌和风土人情。

5. 让孩子学外语的时候关注语言背后的文化

学外语是熟悉世界的一条途径。在孩子学习外语的时候，不要让他们只注重发音的方式、单词的记忆，也要对语言背后的文化有所了解。这将有助于孩子更好地把握这个国家的语言。

12岁的成成已经能比较熟练地用英语和日语进行日常会话了。一些人向成成妈妈请教经验，她这样告诉他们："其实也没有什么特别的，只是成成在学习外语的同时，也相应地学习了一些其他的东西。比如学习英语的时候，我会让成成通过读书和上网查询等方式，比较英国人和美国人在生活方式上的差异；学习日语的时候，我会带成成去吃日式料理，再让成成了解一些日本的历史和民俗。"

6. 与孩子一起上网

网络的普及，拉近了世界各国之间的距离。妈妈可以定期抽出时间，和孩子一起上网，利用网络了解世界各国的风土人情，并对世界各地新近发生的重大事件有所掌握。如果孩子的外语比较好，妈妈们还可以引导孩子去国外的一些网站看看，让他们认识一些外国小朋友。这对培养男孩多元化的思维十分有好处，而且可以辅助孩子的外语学习。

妈妈们只要坚持实施这些简捷的方式，你的孩子一定会有一个开阔的视野。而在如此开阔的视野下，孩子们也很容易找到自己的兴趣点。

Part 8

孩子会模仿你的行为去待人接物

引导孩子学会主动待客

琪琪是个6岁的小女孩，平常在家能说会道，特别活泼开朗。然而家里一旦来了客人，她就会浑身不自在，自顾自地躲在客厅的一个角落里看电视，连礼貌性的问好都不对客人说，好像客人与她无关。爸爸妈妈看到她这样，每次都批评她，甚至会在客人走后大吼大叫地斥责她，但琪琪依然那样，不会招待客人。

生活中，当家里来客人的时候，很多孩子都会显得害羞。有的孩子会站在角落里，默默地注视着客人的举动，即使客人跟他讲话，也是笑而不答；有的孩子会躲进房间或家长身后，不肯出来见客人；有的虽然也会和客人坐一会儿，但是显得很拘谨，很不自然，好像这里不是自己的家；有的孩子则对客人态度冷漠。

孩子的这些表现虽然和他们的个性有关，但更多的是和家长平时对孩子的教育有关。对于不懂得待客之道的孩子，妈妈们对孩子的吼叫教育是没有任何意义的，不如反过来在这方面对孩子进行培养和训练。

待客是人际交往的一项重要能力，引导孩子学会主动待客是关系到孩子未来的大事。这样做，不仅有利于培养孩子的主人翁意识，还有利于培养孩子礼貌待人的好习惯，同时能使孩子学到一些待人接物的方法。那么，妈妈们应该如何做呢?

1. 让孩子有一个心理准备

在客人来之前，妈妈应告诉孩子，何时何人要来，他来干什么。如果客人是第一次上门，还要告诉孩子，他与父母的关系，该如何称呼，让孩子在心理上有个准备。

2. 让孩子和自己一起做准备工作

妈妈可以让孩子和自己一起做一些接待客人的准备工作，如把房间收拾整洁，提前准备好茶具、水果等，和孩子共同创造一种迎接客人到来的气氛。

3. 指点孩子接待客人

妈妈除了自己热情招待客人为孩子做出榜样以外，还要指点孩子接待客人，让孩子感到自己是家中的小主人。例如，客人来访时，让孩子开门去迎接；客人坐定后提醒孩子拿点心、水果等热情地请客人吃，还可以让孩子主动拿出玩具与小客人玩，请小客人参观自己的卧室，把自己的相册拿给大家看；共同进餐时，让孩子学着招呼客人吃菜、帮客人夹菜等；客人离开时要说“再见”，并欢迎客人再来。

4. 鼓励孩子与客人交谈

妈妈应鼓励孩子大方地与客人交谈，回答客人的问话，讲讲自己在幼儿园或学校的学习生活情况。如果孩子有跳舞、弹琴、唱歌等特长，为了活跃气氛，家长还可以提议让孩子为客人表演。但不能每次来客人都让孩子表演，否则会使孩子养成爱表现自己的坏习惯。

5. 评价孩子的表现

客人走后，妈妈要及时评价孩子的表现，肯定好的地方，指出不够好的地方和需要改进的办法，使孩子逐步提高待客能力。

总之，孩子礼貌待客的好习惯不是一朝一夕养成的，需要平时不断教育、训练和强化。因此妈妈们要为孩子创造一个好的教育环境，让孩子不断受到暗示和熏陶。

如何面对“人来疯”的孩子

星期天，有人到家里做客。客人来之前，豪豪一直乖乖地坐在小板凳上看书，妈妈则在旁边准备招待客人的糖果和瓜子。门铃响了，客人来了，妈妈把客人请进屋，和客人亲热地聊起天来。这时豪豪却“忙碌”起来，他把书一丢，一会儿要吃东西，一会儿要看电视，一会儿玩电话，一会儿在沙发、床上乱蹦乱跳，一会儿又满地打滚，围着屋子疯跑。妈妈呵斥了他几句，他就伸舌头做鬼脸，甚至向妈妈吐口水。妈妈气得大声吼他，可他还是不肯停下来。最后，妈妈只能把豪豪关进他的房间。没多久，房间里传出哗啦一声巨响，原来豪豪推翻了玩具箱……

相信很多妈妈都遇到过这种尴尬的场面。一旦家里来客人了，平时乖巧听话的孩子便会做出许多出格的动作，大人越是制止，他们反而闹得越凶。孩子的这种“人来疯”举动，究竟是什么原因造成的呢？

大多数“人来疯”的孩子本身具有强烈的表现欲，喜欢给别人带来乐趣，希望得到别人的认可和赞赏，但是，孩子的自制力有限，一不小心就表现过头了。

“人来疯”不仅会让孩子显得没有教养，让家长没面子，而且还会影响孩子正常的生活、游戏和学习。由于过度兴奋，孩子可能会出现不好好吃饭睡觉、破坏玩具等行为。经常“人来疯”的孩子还会影响神经系统的正常发育，致使兴奋功能总是强于抑制功能。时间一长，容易形成暴躁、易冲动、难于自我控制的不良个性。因此，妈妈们要采取正确的方法，及时对“人来疯”的孩子进行教育和引导。

1. 给孩子表现的机会

对于想要表现的孩子，妈妈们应该在平时多陪伴孩子，和孩子一起玩耍，让他知道，实际上你对他在学校学习的东西非常感兴趣。这样既满足了孩子的表现欲，又让孩子感受到了父母对自己的重视，在客人到来的时候，就不会过多地希望客人和自己一起玩了。

2. 扩大孩子与外界的接触

孩子对外界环境有新鲜感，是健康的心理需求，有助于孩子发展心智，妈妈们应给予满足。所以妈妈们要经常带孩子出门，逛逛公园、商店，拜访亲友，同时也要鼓励孩子多交朋友，让孩子的感官得到充分的刺激，对于碰到陌生人这样的事情也就习惯了，这样就不会在见到客人时表现得过于兴奋了。

3. 和孩子约法三章

在客人来访之前，妈妈们要和孩子做一次交流，向他提出具体明确的要求。需要注意的是，不要一次提过多的要求，只要针对孩子的主要问题，重点提出两三点即可。妈妈们说完之后，要让孩子重复一遍，确保孩子牢记于心。

同时，妈妈们还要提出具体的惩罚或奖励措施。比如，如果孩子犯了“人来疯”，下次到别的亲友家聚会就不带他去，或者取消某项外出游玩的计划；如果听话，没闹“人来疯”，就及时给予表扬，并满足他们一项正当的要求。

最后，妈妈们在管教“人来疯”的孩子时还要注意一点：不要当着客人的面或在孩子玩得正开心的时候管教孩子，否则会伤害到孩子的自尊心和自信心。

怎样教育说话没大没小的孩子

如今，大多数孩子从小就在爸爸妈妈的宠爱中成长，他们似乎习惯了“小皇帝”“小公主”的身份，整日为所欲为，想做什么就做什么，毫无规矩可言。他们总是习惯性地将父母付出的辛苦和努力当成是理所当然的，更有一些孩子被宠得没有长幼之分，在家里没大没小，时不时还会让做妈妈的无比尴尬。

不到6岁的泉泉在家里说话总是没大没小，让家长伤透了脑筋。一次，爸爸的一位同事来家里做客，吃晚饭的时候，爸爸让泉泉叫爷爷一起入席，泉泉居然当着同事的面直呼爷爷的名字。看着同事一脸惊诧的表情，他的爸爸和妈妈面面相觑，尴尬极了。而爷爷吼了一句“这熊孩子”后，脸上的笑容也显得很不自然。

孩子说话没大没小，给人留下的直接印象就是没礼貌、不可爱。孩子出现这样的不良行为，很多妈妈会觉得没什么，等孩子长大了，明事理了，自然会变得有礼貌。然而实际上，如果你没有及时纠正孩子没大没小的行为，他们就会觉得这样做是没有错的，进而越来越没礼貌，甚至对家里的客人、幼儿园的老师都会“口出狂言”。

一旦发现孩子说话没大没小，妈妈们就一定要及时教育和引导，让孩子学会尊重别人，否则，时间久了，孩子就会形成习惯，养成霸道、不讲理的个性，在团体中也会成为不受欢迎的人。那么，妈妈们应该怎样做呢？

1. 家长以身作则，文明示范

家长是孩子从小模仿的对象，因此在说话方面给孩子定规矩时，家长一定要注意自己在日常生活中的言谈举止，不能大呼小叫，而应该彬彬有礼，做好榜样。在一个全家人说话都轻声细语的家庭中，是不会出现喜欢大呼小叫的孩子的。反之，如果家长平时就不注意对待长辈的态度，对长辈大喊大叫，那么孩子自然也就有样学样，不懂得尊重长辈。

2. 告诉孩子正确的表达方式

有时候，孩子说话没大没小，甚至用“言语伤人”，可能是受限于自身的表达能力和理解分析能力。这时妈妈们可以引导孩子，如何用较有礼貌的方式来表达自己的意思。例如孩子想看电视，但你总是催促他去洗澡，孩子可能会生气地说：“你们不要管我啦，我就是想再看会儿电视。”这时你可以跟孩子进行沟通，引导他换一种说话方式，比如：“爸爸妈妈，现在这节目还没结束呢，能让我再看一会儿吗？”婉转而礼貌地表达自己的意思，常常要比莽撞地表达显得更有规矩。

3. 把握时机，强化训练

一旦有“没大没小”的事件发生，妈妈们与其忙着责骂孩子，不如把这当成一次教育的时机好好把握，及时让孩子反省自己的行为，妈妈们要把教育的重心放在指导孩子根据时间、地点、对象转换说话方式上，让他们明白，不同的场合要说不同的话，面对不同的人也要用不同的态度和口气说话。在孩子理解了妈妈的意图后，再为孩子制造合适的机会和情景，进行强化训练，让孩子形成良好的行为习惯。

禁止孩子出口成“脏”

小涛今年4岁了，是个乖巧懂事的小男孩，然而最近不知道怎么了，乖巧的小涛居然学会了说脏话，只要谁惹他生气，他就会骂别人“蠢猪”“赶快滚蛋”……

这天下午，妈妈带他一起去参加朋友聚会，他把自己的遥控飞机也带了过去。聚会时，妈妈的一个朋友见小涛长得乖巧可爱，就对小涛说：“小朋友，你的飞机好酷啊，能教我玩吗?”小涛爽快地答应了，然后教他一起玩。教了几遍之后，那位朋友还是装作不懂的样子，故意逗小涛。结果小涛不耐烦了，他一把夺过自己的玩具，说了一句：“你怎么像猪一样笨，快滚开吧!”这句话让妈妈诧异极了，同时也超级尴尬，那位朋友脸上的表情也瞬间僵住了，然后假笑几声，借口离开了。

妈妈随即吼叫着训斥了小涛，小涛也哭着承认了错误，并保证以后再也不说脏话。然而，还没过一天，他的嘴里就又开始蹦出脏话了。妈妈看在眼里，急在心上，并对此很疑惑：家里人并没有谁说过这样的话，他到底是从哪里学来的呢?

某一天，当孩子用稚气的声音说出“去你的”“滚蛋”这样的词语时，作为妈妈的你是不是也像小涛的妈妈一样，有些不敢相信自己的耳朵呢？由于受周围不良环境的影响，加上孩子有喜欢模仿的天性，到了一定年龄，孩子会突然变得爱说脏话。孩子们的脏话兴奋期在三四岁的时候最突出。在这段时期，有的孩子无论在什么场合，都会用脏话和人交谈，甚至用脏话来反击对方。

说脏话会引起人际关系的不和睦，会招致他人的厌恶，也会对孩子的成长及心理发育产生一定的负面影响。很多妈妈听见孩子说脏话，就气不打一处来，轻则吼叫批评，重则给孩子一个耳光，甚至还有打嘴的……惩罚方式五花八门。然而，孩子似乎对脏话“情有独钟”，而且有愈演愈烈之势。妈妈们要想彻底解决孩子说脏话的问题，就要找出孩子说脏话的原因，然后再有针对性地给予指导。

1. 孩子因模仿而说脏话

3岁的小伟过生日的时候得到了一套儿童工具箱，于是他开始模仿上周爸爸修理板凳时候的样子，在自己的小桌子上叮叮当当地敲个不停。但他每敲一下，嘴里都会嘀咕一句：“我去，什么破玩意儿!”

小伟为什么会这么说？毋庸置疑，他的脏话是跟爸爸学的。孩子不文明的语言一般都来源于周围的环境，如果家长说话粗俗，满口脏字，那孩子就很容易去模仿。

对于这种模仿的行为，孩子们通常并不理解其中的含义，因此，妈妈们不要去强调这件事，要听过就忘掉，不加任何评论。但是一定要找出其说脏话的根源，尽量让孩子远离或少接触不良的环境。

2. 孩子因想引人注意而说脏话

听到年龄很小的孩子“出口成脏”，有的妈妈会觉得有趣，忍不住哈哈大笑，不以为然；听到年龄大一点的孩子说脏话妈妈们则会生气，吼叫着斥责孩子。无论是哪种原因，妈妈们的反应都会加深孩子对脏话的特殊印象。孩子会认为，说脏话能够实现引人注意的目的。同时，孩子会觉得自己长大了，因为当他说出不被允许说的脏话时，会有一种独立的感觉。

因此，当第一次或者第二次听到孩子说脏话时，妈妈们要尽量保持平静，不要理会他，让孩子觉得脏话跟其他平常的话语没什么两样。一旦孩子觉得这样的话语无法引起别人的注意，他们就会觉得无趣，慢慢就不会再说了。

3. 孩子因发泄情绪而说脏话

当与人发生冲突或者愿望得不到满足时，孩子也会说出自己觉得最最恶毒的语言。这时候，孩子很清楚自己在说什么，因为他们就是要通过脏话来发泄自己的不满，以舒缓自己的压力。对于这类孩子，妈妈们要明确指出，一个人说话要文明，说脏话的孩子不是好孩子，并督促孩子改变这种行为，引导孩子用文明语言表达自己的内心感受，如告诉对方“你没道理”“我认为你做得不对”等，甚至生气不理对方也行，总之都比骂人更有利于解决矛盾和冲突。

4. 孩子因用词不当而说脏话

爷爷又忘了收音机放在哪儿了，小勇坐在板凳上，自言自语道：“爷爷真是个大白痴！”他的话把全家人都惊呆了。一般来说，孩子是不会故意侮辱别人的，所以他很有可能是无意间在某处听到了这个词，又不了解这句话的确切意思和恶劣程度，便把这个词用在了爷爷身上。这时，妈妈们不应该只用一句“不许这样说”就把孩子打发了，而是应该让他学会正确的说法。例如，当小勇说爷爷是大白痴时，你可以这样问他：“你认为大白痴是什么意思？”他可能会说：“爷爷总是找不到东西……”你即刻纠正他说：“那就应该说‘爷爷记性差’才对。”接着还可以继续说：“现在，我们一起帮爷爷找收音机，今后一旦你有东西找不到，我们也会一起帮你找。”

如果孩子在多次警告后仍然说脏话，妈妈们就要采取适当的惩罚措施了。最有效的方法是，让孩子停下他正在做的感兴趣的事，让他安静地去某个地方待几分钟，不许说话，不许乱动。如果这种惩罚难以奏效，就取消孩子的某些权利，如取消奖励和有关活动计划，等等。

如何应对爱插话的孩子

贝贝今年6岁了，是个聪明、漂亮的小女孩。她嘴巴特别甜，会说话，爱唱歌，很讨人喜欢，但就是有一个坏习惯——总爱在大人讲话时多嘴多舌，打断别人说话。

这天，贝贝妈妈的一个同事来家里做客，她们坐在沙发上聊天。贝贝也没闲着，总是围着妈妈转，喋喋不休地插嘴："妈妈，你快看我画的画。""妈妈，帮我拿仙女面具。""妈妈，我要喝水。""妈妈……"妈妈碍于面子没有对贝贝吼叫，她压着怒火对她说："宝贝，妈妈在和客人谈事情，你自己玩一会儿。"但贝贝仍然吵个不停，把她们的谈话屡屡打断。所以同事没坐多久就走了，妈妈尴尬极了，大吼大叫地对贝贝训斥了一通。

故事中的情景妈妈们并不陌生。大人说话时，有的孩子总是在一边不时地插上几句。如果搭理他，他就会越来越有劲；如果不搭理他，就像身边放了一只鸭子似的，让谈话双方不得安宁。

孩子爱插话，是很正常的一种行为。孩子天性活泼、好奇心强，对世界万物都充满兴趣。强烈的好奇心又会增强他们的求知欲。但由于年龄小，知识面窄，大人所谈之事往往都是他们不知道、不懂的事情，于是他们就会提出许多问题希望得到解答。这是他们获得知识的途径，也是他们的可贵之处。

孩子爱插嘴，有时候也是想引起家长的关注。比如，当父母打电话或和其他人说话时，孩子会感到被忽视、冷落，于是他就通过插嘴的方式来引起家长的注意。这样的孩子,大多数是因为家长平时对他们关注得太少。很多表现欲望特别强的孩子,有时也喜欢插嘴，当他们听到别人说某件事时，就情不自禁地想发表自己的看法。

爱插嘴的孩子，一般思维都比较活跃，反应敏捷，善于表达自己的思想，这是一种积极的人生态度。但是，爱插嘴也是一种不礼貌的行为，特别是在正式场合，非常不合时宜，是无教养的表现。因此，妈妈们对孩子的这种行为既不能放任不管，也不能一概制止，应具体情况具体分析，因势利导，教孩子学会恰当地表述自己的意见。

1. 言传身教，树立榜样

孩子爱插话，也许仅仅是受到家长言传身教的影响。例如很多家长常常在与孩子说话时没耐心，还没等孩子把话说完，就发表自己的意见和看法；有些夫妻在交谈时不能互相尊重，耐心地倾听对方的谈话，而是各说各的理，甚至大声争吵。这些行为都会在潜移默化中影响孩子的谈话和交往方式。因此，想要让孩子不插话，妈妈们首先要以身作则，做到不随意插话，给孩子树立好的榜样。

2. 提前对孩子说明要求

妈妈们在进行正式的谈话之前，可以预先告诉孩子：不要插嘴或打断大人的谈话，有话要说时，先给你一个暗示的信号。比如你可以说："现在妈妈有一些很重要的事要跟阿姨谈，你自己先玩会儿，不要打断我们说话，好吗？"孩子一般都会答应这样的要求。如果孩子中途控制不住，又跑过来企图打断家长的谈话，家长可以用一个手势、一个眼神来制止他们这种不礼貌的行为。

3. 教孩子学习等待

妈妈们要想办法让孩子知道，只有等一个人讲完了，另一个人才能接下去讲。试着引导孩子换个角度去思考问题，体会别人的感受，让孩子了解插嘴给别人带来的不适感。例如，在孩子滔滔不绝地说话时，故意去插嘴、打断他的话，事后问他感受如何，喜不喜欢他在说话时被人随意打断。孩子在经过亲身体验后，一般都会自行修正自己的行为。

4. 及时表扬孩子的良好表现

在整个谈话过程中，如果孩子一直遵守规则，那么待谈话结束后，妈妈们一定要及时给予孩子鼓励和表扬，使孩子这种不随意打断别人说话的行为得到强化。这样，孩子就会逐步养成不随便插嘴的好习惯。

5. 让孩子受到关注

与人谈话时，如果孩子在场，无论孩子多小，你都应先郑重地向他人介绍孩子，让孩子感觉到自己很重要，没有被忽视。让他明白，爸爸妈妈时刻在关注着他，他无需通过插话的方式来吸引他人的注意。

6. 让孩子参与谈话

妈妈们不能一味地压抑孩子。如果孩子插话的内容与大人正在交谈的话题有关，可以试着让其参与谈话，并引导孩子思考、学习与人沟通；如果话题涉及一些孩子不明白的事情，妈妈们也可以适当抽出一些时间，向孩子解释。

让孩子学会做错事要道歉

生活中，每个人免不了与别人磕磕碰碰。而道歉正是人际交往中挽回过错的最直接最有效的方法。因此，对每个人来说，学会道歉和接受道歉都是很重要的习惯和礼节。敢于道歉是一种勇气，接受道歉是一种宽容，都是有教养的表现。让孩子为自己的失误给别人造成的不快或伤害道歉，是对别人的尊重，不仅可以平复对方的心情，同时也是自己悔过的表现。

爱玛带着7岁的儿子在公园玩。这时，一个男孩突然跑过来，向她们鞠躬，并说道：“不好意思，我错了，请你们原谅。”爱玛以为男孩是儿子的同学，对儿子做了错事，于是笑着对他说：“没关系，下次注意就好。”

听到答复，男孩就跑走了。原来，男孩的妈妈正在远处等着他。

“杰克，那个男孩叫什么名字？你们之间发生了什么事吗？”爱玛问儿子。

“我根本不认识他啊。妈妈，您也不认识他吗？”

爱玛忽然意识到问题的严重性。男孩道歉却找错了对象，原因一是可能认错人了，二是可能在应付他的妈妈。

杰克认为这没什么。但爱玛却告诉儿子："这个道歉我们不应该接受，因为它不是我们应该得到的。如果那个男孩骗了自己的妈妈，那这样的欺骗是很可怕的，不仅会影响他的成长，还有可能导致他与真正应该接受歉意的人关系恶化。所以，我们必须找到他。你还记得他的模样吗？"

于是，母子二人按照记忆中男孩的模样开始了大海捞针式地寻找。功夫不负有心人，过了半个下午，他们终于找到了那个男孩。男孩一看到他们就想跑掉，却被爱玛抓住了胳膊。男孩的妈妈闻讯而来，爱玛对她讲了事情的经过。男孩的妈妈告诉她们，男孩名叫汤姆，昨天打了一个同学，自己让他去给被打的同学道歉。虽然汤姆很不情愿，但因为有母亲在远处看着，所以只好随便找个人道歉。

爱玛说："现在最重要的是找到那个被打的男孩，向他道歉。汤姆，你不该欺骗你的妈妈，犯了错就该敢于承认，伤害了别人就该向对方道歉。"于是，两位母亲带着两个孩子又开始寻找，终于找到了那个被打的男孩，并让汤姆正式向他道歉，请求他的谅解。但被打男孩断然拒绝了，还信誓旦旦地说要报复，说完就走了。

两位母亲认为事情更严重了，决定找到男孩的父母帮忙劝说和管教。她们找了大半夜，终于找到了男孩的家。汤姆真诚地道歉，再加上三位母亲苦口婆心地开导，被打男孩最终承认了自己的无知和错误，承诺放弃报复计划。

就这样，三位母亲瓦解了一个孩子危险的报复计划，挽救了两个孩子的未来，让三个孩子受到了深刻的教育。

每个人都难免说错话，做错事，用真诚的态度诚恳地请求对方的谅解，才能得到他人的宽恕。然而现在很多孩子都以自我为中心，即便伤害了别人他们也不觉得自己有什么错误，不肯去道歉，从而让小错酿成大祸。故事里的爱玛正是因为没有把男孩道歉当成小事看待，才及时采取措施，避免了更严重的伤害发生。

让孩子学会道歉，是帮助他们建立是非意识，懂得在意别人的感受，努力弥补错误的成长过程。那么，妈妈们该如何教孩子学会道歉呢？

1. 让孩子知道做错事道歉是有礼貌的表现

很多孩子爱面子、虚荣心强，他们往往认为只要道歉就理亏了，会让自己觉得难堪、没有面子，让别人瞧不起。对此妈妈们可以告诉孩子，道歉的人是值得别人尊敬的，没有人会因为真诚道歉而被别人嘲笑。道歉不是服软，而是一个人的修养与气度的体现。

2. 让孩子知道为什么要道歉

当孩子不理解为什么做错事情要说“对不起”时，妈妈们可以问问孩子，如果别人弄坏了他的积木模型，他是不是很难过？对方向他道歉后，他是不是感觉好多了？让孩子明白之所以要道歉，是因为自己的行为产生了不好的后果。妈妈们要引导孩子学会站在他人的角度看问题，培养孩子的移情能力。

3. 警惕孩子随口而出的道歉

有时，孩子发现自己做错事，为了尽快解决麻烦，“对不起”就会脱口而出。但过不了多久，他又会犯同样的错误。这表明他并没有真正理解道歉的含义。这时，妈妈们要告诉孩子：只有争取不犯同样的错误，道歉才是有意义的。

对孩子来说，通常需要一个漫长的学习过程，他们才能真正明白道歉的含义。一旦他能够发自肺腑地说出“对不起”，就表明他懂得了该怎样照顾他人的感受，该如何补救自己的过失，该怎样对自己的行为负责。

此外，妈妈们要为孩子树立好的榜样。比如不理智地对孩子发了脾气，事后一定要真诚地对他说：“我为自己刚才向你大声喊叫而道歉。我想让你明白更多的道理，结果自己却失去了耐心。”要注意的是，妈妈们在向孩子道歉时，态度一定要诚恳，要让孩子觉得你不是敷衍他，而是很认真地在向他道歉，同时，这样做也会让他感到道歉是一件很重要的事情，今后他在向别人道歉时，也会模仿你的态度和神情。只有这样，孩子才会真正地学会道歉。

让孩子学会尊重他人

我们身边有这样一些孩子：在家里，无论外出还是归家，从不知道向长辈打声招呼；在课堂上，毫无顾忌地东张西望、窃窃私语；和人打招呼时，“喂喂喂”地喊个不停，而不称呼对方的姓名；喜欢给别人起外号，并以揭人伤疤为乐；看到沿街乞讨的人或是满身尘土的民工，嗤之以鼻，避之不及……这样的孩子，在伤害他人的同时，也为自身品格的塑造设下了障碍，在以后的学习、工作、生活中都会处处碰壁。

孟子曾经说过：“爱人者，人恒爱之；敬人者，人恒敬之。”想要获得别人的尊重，自己首先要懂得尊重别人。但这一美德不是妈妈们对孩子大吼大叫就能培养出来的，它需要慢慢地灌输给孩子。

1. 为孩子树立榜样

你的一举一动，孩子不仅在看，也在学。有些妈妈当着孩子的面与家人谩骂，揭对方的短处；有些则喜欢在背后议论、嘲笑别人；还有些不尊重残疾人，用对方的缺陷来称呼人家。这些不尊重人的行为都会给孩子带来恶劣影响。

一天，一位妇人领着一个男孩走进一座大厦的后花园。妇人看起来很生气，坐在长椅上不停地和男孩说着什么。不远处，一位老人正在修剪灌木。妇人突然停止了对男孩的训斥，从手袋里揪出一张纸巾，揉成团，一甩手扔到了老人刚剪过的灌木上。

翠绿的灌木丛中，白花花的纸巾十分显眼。老人看了看妇人，见她满不在乎地回望自己。老人没说什么，弯腰捡起那团纸，放进了旁边的垃圾桶里，接着又拿起剪刀继续剪枝。不料，妇人又扔了一团纸过来。

“妈妈，你要干什么？”男孩奇怪地问妇人，妇人示意孩子不要出声。老人把这团纸也捡起来扔进了垃圾桶，刚回身拿起剪刀，妇人扔过来的第三团纸又落在他跟前。就这样，老人一连捡了六七次，始终没有表现出不满和厌烦。

“看到了吧！”妇人指着老人对男孩说，“我要你明白，如果现在你不好好上学读书，以后就跟他一样没出息，只能做别人不愿意做的低贱的下等活！”原来，妇人在教训成绩不好的儿子，而眼前的老人被她当成了“活教材”。

听到妇人的话，老人放下剪刀走过来对她说：“夫人，这是大厦的私家花园，好像只有员工才允许进来。”妇人高傲地拿出员工卡，并向老人炫耀自己部门经理的职位。这时，老人向妇人借手机一用。虽然不情愿，妇人还是同意了，但也不忘借机教育儿子：“你看这些穷人，年纪这么大了连部手机都没有，你以后可得长出息啊！”

不一会儿，大厦高层人员出现在他们面前。老人要求他免去妇人在公司的职务。妇人很震惊，这才知道原来老人不是园艺师，而是这座大厦的拥有者，公司的总裁。

妇人颓然地跌坐在椅子上。老人拍了拍男孩的肩膀，对他说：“我希望你明白，在这世界上最重要的是要学会尊重每一个人。”

想必这一课的教训，孩子和他的母亲都会铭记于心。

2. 让孩子感受到尊重

著名教育家池田大作说过："尊重孩子的人格，孩子便学会尊重人。"孩子最初的受人尊重的感觉是从家长那里得到的，只有那些能够得到家长尊重的孩子，才会懂得如何去尊重别人。家长对孩子说话时要用"请你去把窗户关上好吗"这样的语气，而不是简单生硬地命令他们"给我把窗户关上"。遇事也要与孩子商量，不要自己武断决定。比如看电视时想调频道，要先跟孩子商量："儿子，我们换一个节目看看好吗？"

3. 注意日常生活中的教育

妈妈们在日常生活中要向孩子们讲解一些基本的传统礼仪，让孩子把尊重他人的习惯表现在日常生活的细节之中。例如，尊重他人的宗教信仰和民族习惯；敬老爱幼，不歧视残疾人；对外宾以礼相待；主动问候长者；请人帮助时要用礼貌用语；上学时要主动向老师同学问好；接送物品时要起立并用双手；不给同学起侮辱性绰号；未经允许不进入他人房间；不随便动用他人物品；不看他人信件和日记；不打扰他人学习、工作和休息，等等。

总之，尊重是一种习惯，不是一朝一夕能够养成的。因此，家长要善于利用点点滴滴的小事，教导孩子学会尊重他人。

让孩子在公共场合保持安静

一位作家说过：“在有旁人的时候，安静是一种礼貌，不管是什么声音，哪怕是音乐，当别人不需要它的时候，就是一种噪音。”在课堂、餐厅、医院、图书馆等一些需要安静的公共场合，保持安静既是一种公共规则要求，也是孩子自身应该具备的良好习惯。然而生活中，很多孩子往往不知安静为何物，尤其到了公共场合，总是肆意地尖叫、吵闹。

一天，爸爸妈妈带平平去一家餐厅吃饭。这家餐厅的环境很优雅，里面还播放着舒缓的轻音乐，让人感觉很惬意。小家伙一到那里就显得很兴奋，一边东张西望，一边发出刺耳的尖叫声。他闹出的动静引得周围吃饭的人纷纷皱眉侧目。

后来，平平把餐桌上用作装饰的一朵鲜花拿在手上玩，妈妈看到后批评了他，要求他将花朵放回原处，平平不听，执意玩花。在妈妈强行拿走花后，他放声大哭，无论爸爸妈妈如何安慰和讲道理，甚至吼叫“威胁”，他都无法停止哭闹。爸爸不得不在平平撕心裂肺的哭喊声中，尴尬地向表情复杂的人们表示歉意……

在优雅、安静的公共场合，年幼的孩子哭泣尖叫，无论大人严厉斥责还是百般哀求，他都不予理会，让父母尴尬，令旁观者头疼——这个场景对大多数妈妈来说都不会陌生。大多数的小孩子都不喜欢静静地待着，这是一个不争的事实。那么，妈妈们如何才能让孩子在公共场合保持安静呢？

1. 让孩子明白哪些地方需要保持安静

从孩子年幼时，妈妈们就应该教导孩子什么地方应该保持安静，什么地方可以说话、走动。比如带孩子去医院看望病人时，妈妈可以这样跟孩子说："宝贝，医院里不能大声说话，因为有病人。我们进去后一定要保持安静，如果有需要，你可以小声告诉妈妈。"又比如带孩子去看电影，你要告诉孩子："宝贝，电影在放映的时候，一定要保持安静，不能大吃大嚼，不能大声喧哗，否则你周围看电影的人会被打扰的，那样做很没礼貌，别人会说你是没有公共道德的坏孩子的。"

在去公共场合前，如果妈妈们坚持这样教育和引导孩子，会让孩子从小知道遵守公共秩序，知道自己的行为可能会影响到别人，知道做好孩子是坚决不能有出格举止的。长此以往，孩子就会逐渐养成遵守公共秩序的好习惯。

2. 让孩子有事可做

在带孩子去公共场合时，妈妈们可以事先准备一些书本、画笔、小玩具，让孩子有事可做，从而干扰不到旁人。

3. 用游戏化解尖叫

如果孩子喜欢尖叫，不妨在家中试试让他尽情尖叫，之后你再小声对他说："好了，现在我们比赛看谁的声音最小。"接着，你可以和他玩"你就像我这样做"的游戏，比如把手举过头顶，或者抬抬脚、拍拍腿等。这样一来，尖叫就变成他能做的众多趣事之一了。一旦孩子在公共场合尖叫，你就可以对他说："噢，你叫起来像一头大老虎！现在我们来试试像一只小猫咪一样叫吧。"通常采用这种方式，孩子很快就能安静下来。

培养孩子的排队等待意识

在家里，无论做什么事情，家人都是让小文先来，比如吃饭的时候，先让小文吃；吃水果的时候，先让小文挑；看电视的时候，先让小文选……小文觉得，所有这一切都是理所应当的。

这个周末，在小文的央求下，妈妈带着他去了游乐园。当他们赶到游乐场门口时，游乐场的售票处已经排了一条长长的队伍，恐怕轮到他们的时候就快到中午了。随后，妈妈带着小文来到队伍的末尾，然而小文却一副极不耐烦的样子，对妈妈吼道："你为什么不往前挤啊？这么规规矩矩地排队，得排到啥时候！"说着小文就想牵着妈妈的手去前边插队。

妈妈制止了小文，很认真地对他说："这可不行！做什么事都讲究先来后到。别人都在排队，你怎么能插队呢？"

小文还想反驳妈妈，但一时间找不到合适的借口，只好和妈妈一起乖乖排队。

十点钟的时候，妈妈终于买到了门票。他们二人一起冲进了游乐场。

妈妈知道，小文想来游乐场，就是为了玩碰碰车，于是他们来到了开碰碰车的地方。然而，很多小朋友都喜欢玩碰碰车，他们前面又排起了长长的队伍。妈妈无奈地说道："看来咱们还得再排一次队。"

这次，小文已经没有耐性了，他直接拨开前面的人群，冲了进去。正好有一个小朋友从碰碰车上下来了，小文直接坐了上去。顿时，孩子群沸腾了："下去！""排队！""真可恶！""快下去，我们都在排队！"……

见此情景，妈妈赶紧把小文抱出来，可是小文极力挣扎，非要马上坐碰碰车不可。妈妈生气地对小文大吼："不许这样不讲理！否则咱们立刻回去！"妈妈话音未落，小文就哭闹起来："我不回去！我就是要玩碰碰车！"

周围的家长都以异样的目光注视着小文和妈妈，这让小文妈妈尴尬极了：没想到，平时在家宠着小文，现在到了公共场合，小家伙居然这么没规矩。

如今，大多数孩子都是独生子女，过着衣来伸手，饭来张口，想干什么就干什么，想要什么就能得到什么的生活，自控能力比较差，更不懂得等待。所以，到了公共场合，他们不喜欢排队，也不喜欢等在别人后面，就像故事中的小文那样。

然而，排队是孩子从小必须要学会的一种能力，也是孩子日常生活中必不可少的一个环节。平时，无论孩子去搭乘公交车，还是去游乐场玩，甚至是上厕所，都需要排队。而且，让孩子学会排队，学会等待，也是建立孩子规则意识的重点。一个能够排队等待的孩子，往往会给人留下彬彬有礼的印象；而那些不愿意排队，总是插队的孩子，总会给人留下一种不文明、不礼貌的印象。因此，妈妈们有责任培养孩子的排队等待意识。

那么，妈妈们具体应该怎么做呢？

1. 引导孩子学会等待

妈妈们可以用钟表，告诉孩子"长针走到10的时候，就到了玩游戏的时间了"；还可以用一件事情做等待的标志，比如"把作业写完，就可以吃饭了"。要让孩子明白，只有等待才能得到他期望的东西。

在等待的过程中，如果孩子表现得十分急躁，妈妈们可以引导孩子转移注意力，比如和孩子做一些小游戏，或者和孩子聊聊天，陪他唱歌，给他讲故事，让他回想一些有意思的事情，让等待的时间不再那么枯燥乏味。

2. 让孩子遵守先来后到的规则

妈妈们可以给孩子定下规矩，要求他们时刻遵守先来后到的规则，比如吃饭的时候，妈妈先到饭桌前就先吃，如果孩子总是不来，那只能“没菜吃”；早起上厕所、洗漱也有先来后到，让孩子体会一下憋尿等待的感觉……这样做会帮助孩子遵守“先来后到”的规则，让他养成平等交往的观念。

3. 让孩子看到不排队的后果

妈妈们可以让孩子看看不排队或者许多人插队的后果，这样做必定会给孩子极大的触动。比如，妈妈可以带孩子到火车站，观察那些排队买票的人。如果很多人插队，售票窗口处就会挤作一团，争吵不断。妈妈可以把这些人当成反面例子，告诉孩子“插队的行为很容易爆发冲突，不但会影响后面排队的人，也会耽搁自己的时间”。

4. 正面强化孩子的排队意识

假如孩子和父母去商场购物的时候一直乖乖地跟在父母后面排队，没有嚷着要去前面插队，妈妈就要好好夸奖孩子，比如对孩子说：“你今天表现得很棒！”为了继续得到你的夸奖，孩子往往会自觉遵守并养成排队的好习惯。

5. 家长应以身作则

要想让孩子学会排队，家长平时就应该做到耐心地排队等待。无论是在家里，还是出门在外，家长都不能随意插队。

教孩子严格遵守交通规则

小雨今年4岁，但是他的妈妈早在一年前就开始有意识地教他交通规则了。

每次，妈妈带小雨过马路的时候都会对他说："小雨啊，你看上面那个指示灯，如果变成红色，我们就要停下来，等它变成绿色，我们就可以继续走了。"

"嗯，我明白。妈妈曾经告诉过我：红灯停，绿灯行，遇到黄灯等一等……"小家伙嘴里念叨着妈妈教给他的顺口溜，看来他真的学会遵守交通规则了。

后来，由于工作繁忙，妈妈把小雨送到了城西的姥姥家，让他在那里住几天。很快，小雨就和邻居家5岁的小波成了好朋友。

这天，小雨和小波在楼下玩耍。小波提议两人去马路对面的公园门口玩，因为那里放置着一座栩栩如生的变形金刚雕塑。小雨犹豫了一下，没有抵制住诱惑，便答应了他的提议。于是两人没有告诉大人，互相牵着手蹦蹦跳跳地来到了十字路口。但这时已经是红灯了，小波却没有停下来的意思。

"小波，现在是红灯，我们必须停下来。"小雨用力拉住小波的手，站在斑马线的端头，直到红灯变成绿灯才允许小波往前走。

如果妈妈没有从小培养小雨遵守交通规则的意识，或者只是在过马路时急匆匆地对小雨大吼："停下来，等会走！""着什么急，没看到有车嘛！"那么，当小雨和小波一起过马路时，小雨可能也会跟着小波闯红灯，而这种行为是极其危险的。因此，妈妈们应该从小教育孩子严格遵守交通规则，这不仅是为了保证孩子的出行安全，也是规则教育中不可或缺的一堂课。

妈妈们在给孩子普及交通规则时应该做到以下几点：

1. 教孩子一些交通安全知识

要想让孩子遵守交通规则，首先就要教给孩子一定的交通安全常识。比如走路要走人行道，过马路要走斑马线，"红灯停，绿灯行""一站二看三通过""机动车道和非机动车道分别过"等。

2. 教会孩子安全走路

孩子的好奇心一般都比较强，走起路来喜欢东看看、西瞧瞧，当孩子被有趣的事物吸引的时候，就会忽略身边的危险。所以，妈妈们一定要告诉孩子：走路的时候，一定要全神贯注，并且要从人行道右侧通行。在接送孩子上下学时，妈妈们可以带着孩子一边走，一边指出哪些是危险地段，并且告诉孩子单独行走时如何避免危险。

3. 教育孩子切莫在马路上嬉戏打闹

放学后，孩子们往往三五成群地结伴而行。他们一边走一边说笑，一边走一边嬉戏打闹，在这些场景中很多时候都会出现危险情况。如果孩子们相互追逐打闹，跑上公路，很可能会被飞驰而来的汽车撞到；如果他们互相推搡，其中一方稍不留神就会将对方推到迎面而来的车辆上……

妈妈们应教育孩子在路上不要追逐打闹，如果是几个孩子结伴而行，最好不要并排走，尽量走成纵队，以免车辆碰到走在靠近机动车道一侧的孩子。

纠正孩子爱在公共场合捣乱的毛病

5岁的小林不仅人长得可爱，还特别聪明，家人都非常疼爱他。平时在家里，小林总是安安静静地坐在沙发上看动画片，或者自己玩玩具，然而一出门，小家伙就不安分了。

有一次，妈妈带小林去楼下的广场上玩。当时正值春暖花开之际，广场上的人特别多。小林看到这种热闹的场景高兴极了，又蹦又跳的。没多久，小林爱捣乱的毛病又犯了。

他先是在人群中跑来跑去，妈妈怕他走丢了，就跟在他身后追赶。小林倒好，一边跑，一边用手拍行人的屁股。行人都诧异地回头，有些胆小的女士还被吓得大跳起来。妈妈只能一边追他，一边向那些行人赔礼道歉。好不容易追上小林了，妈妈对小林吼道："你不能这样捣乱！给我坐到那边的椅子上，没有我的允许不能离开！"几分钟后，妈妈就开始为这个决定感到后悔了。因为小林坐在椅子上也不安分。他先是在椅子上扭来扭去，然后不断用脚踢椅子的扶手。很快，扶手就被小林踢掉了。

终于有人看不下去了，开始指责小林的妈妈没有教育好小林。小林妈妈感到特别没面子，她一边大声地训斥小林，一边保证会将那把椅子的扶手修好。这时小林仿佛也知道自己做错了事，然而他非但没有向众人承认错误，反而朝他们吐口水，埋怨这些人多管闲事。

相信很多妈妈都有过这种噩梦般的经历：原本很听话的孩子，带去公共场合后，居然在大庭广众之下撒泼捣乱，任凭你怎么劝说都毫无作用！而且，由于孩子的种种捣乱行为，众人齐力声讨，最后连可怜的父母也被指责。相信世上没有哪一位妈妈愿意在超市、购物中心、公园等场合，为孩子的调皮捣蛋行为“埋单”。特别是有熟人在场的情况下，孩子的种种捣乱行为无疑是在告诉众人她教子无方。

那么，对于爱在公共场合捣蛋的“熊孩子”，妈妈们应该怎样管教呢?

1. 出门前把规矩定好

妈妈们在带孩子去公共场合之前，就应该告诉孩子：“我们现在要去公园玩，但是我们要先定一个规矩：只要你能够乖乖听话，不捣乱、不搞破坏，我们就会给你买好玩的玩具；如果你不听话，我们会立刻带你回家，并且今后再也不带你去公园玩了。”

2. 给孩子找一个户外禁闭室

妈妈们不要认为公共场合没有让孩子反省的地方，实际上，很多“户外禁闭室”都很适合孩子。比如超市的购物车、商场的角落处、公共厕所等地方，都可以当成禁闭室使用。如果孩子的哭声特别大，而且围观者越多，他哭得越是来劲，那么妈妈们就可以把孩子带到自己的车里，让孩子坐在座椅上好好地反省。

3. 巧妙劝阻孩子的行为

涛涛从小就很调皮，有时候全家都拿他没办法。

一天，妈妈给涛涛买了他非常喜欢的水彩笔。涛涛把它们装在随身携带的小包里，片刻不离。妈妈带涛涛去小区的小广场玩，涛涛兴致来了，竟然想用水彩笔在广场的桌椅上作画。妈妈急忙阻止了他，并且告诉他这样做是不道德的，可他就是不听。无奈的妈妈想到了另一种办法。她对涛涛说："涛涛，你把画画在这些椅子上，别的小朋友坐了，是不是会弄脏衣服啊？"涛涛点了点头。

"小朋友弄脏了衣服，会怎么样啊？"

"他会不开心，还会被妈妈教训。"涛涛想了想，认真地说。

"那你希望小朋友被妈妈教训吗？"涛涛摇了摇头。

"为了别的小朋友不弄脏衣服，不被妈妈教训，咱们把画笔收起来，回家再画好不好？"

"好吧。"涛涛很爽快地答应了。

孩子就是这样，一些大道德他可能听不太懂，也可能听不进去。但如果直接告诉他，他的行为很可能对别人造成伤害，他就会欣然接受。孩子其实很希望自己能为别人做些什么，以此来满足自己的表现欲望。所以，当孩子再调皮捣蛋时，妈妈们不妨从关心他人的角度进行劝阻。这时，孩子往往会用做好事来消耗自己过剩的精力，调皮行为也就大大减少了。

值得注意的是，有的孩子爱捣乱已形成习惯，仅仅采用以上方法已无济于事，可能还会助长这种不良习惯。所以妈妈们在对待这些孩子时，一定要加强平时的指导，让孩子了解：在公共场合捣乱是不对的。当孩子有了侵犯别人或者破坏公共设施的行为时，妈妈们一定要批评教育，决不能姑息。

给乱扔垃圾的孩子好好上一课

小璇今年六岁半，上小学一年级。她是一个各方面表现都很出色的孩子：学习成绩优异，关心班集体，和同学和睦相处。然而，她却有随手乱扔垃圾的坏习惯。平时，无论是在家里、学校，还是在人多的公共场合，小璇手上的垃圾总会漫天飞舞。她觉得这样很有趣，而且能把垃圾扔到很远的地方，简直太酷啦！

爸爸妈妈曾经批评过她的这种行为，可她依然如故。后来他们觉得，既然小璇的学习成绩那么好，长大后一定会讲文明，改掉乱扔垃圾的坏习惯。可是事实证明，他们的想法太天真了。

这天，妈妈带着小璇去附近的公园玩耍。公园里有卖冰糖葫芦的，小璇央求妈妈给她买了一串。妈妈要去打个电话，于是就让小璇坐在花坛边，边吃边等她回来。

妈妈走后，小璇三两口就把冰糖葫芦吃完了，并随手把剩下的竹签子扔出很远。其实，在花坛旁边就有一个垃圾箱，只是小璇不想走那几步而已。

一个正在附近清扫地面的保洁阿姨看到这一幕，走到小璇面前，对她说：“小朋友，吃完东西，为什么不把竹签子扔进垃圾箱呢？你瞧，垃圾箱就在那边啊！”

不料，小璇毫不客气地回道：“竹签子又不能吃，我不扔掉，难道还留着它啊！你的职责不就是清扫垃圾吗？你打扫干净不就行了。”

这时，打完电话回来的妈妈正好听见了小璇的话，于是大吼着训斥小璇：“小璇，在公园里乱扔垃圾是不对的，赶紧把垃圾捡起来，放到垃圾箱里去。”

小璇万分不情愿地捡起了竹签子，扔进了旁边的垃圾箱里，嘴里还嘟囔道：“真是的，有什么大不了的，你们大人真是小题大做……”

听到孩子的抱怨声，再看看保洁阿姨一脸的责怪，妈妈一时不知道该说什么好，心想这孩子怎么一点规矩都不懂。

在公共场合乱扔垃圾是一种不文明的行为。在美国，儿童 3 岁前必须完成的道德教育中就包括不乱扔垃圾，父母教育孩子自幼养成不乱扔垃圾的习惯。在日本，许多父母从孩子 12 岁起，就教育他们出门一定要随身携带垃圾袋，不乱扔垃圾。孩子只有从小养成不乱扔垃圾的好习惯，才不会对公共环境造成“危害”，也不会因乱扔垃圾而遭到大家嫌弃。

然而在我们的现实生活中，不仅是孩子，许多家长也有随手乱扔垃圾的毛病。绿地里、小区楼下、街道上……只要留心看，随处可见成年人丢的各种垃圾。即使走不了几步路就能见到垃圾箱，他们也会选择将垃圾随手丢弃。大人的不良行为会逐渐淡化孩子的环保意识和公德心，使孩子养成随手乱扔垃圾的坏习惯。因此，想要改掉孩子乱扔垃圾的行为，不是在孩子乱扔垃圾后，你大吼大叫几句就能解决问题的。妈妈们首先应该以身作则，不乱扔垃圾，同时还应该从以下几方面入手，引导孩子保持环境卫生：

1. 明确规定孩子不能乱扔东西

妈妈可以明确地规定孩子，无论是在家里、学校，还是在公共场合，用过的东西一定不能乱扔。父母可以对孩子说：“宝贝，用过的东西要放进垃圾箱里！这样才是一个爱清洁、讲卫生的好孩子。”

2. 及时教育乱扔垃圾的孩子

当妈妈发现孩子在公共场合乱扔垃圾时，应该及时制止并且进行适当的教育，让孩子明白乱扔垃圾的危害：乱扔垃圾，课桌、抽屉、地板上到处都是垃圾，就会变得很脏、不美观；要是有人不小心踩在垃圾上，就会摔跤；天气热的时候，垃圾容易滋生细菌，细菌飘到空气中，容易让人生病；乱扔垃圾，是失德、没有教养的行为，爸爸妈妈和老师都会很生气；乱扔垃圾还会增加爸爸妈妈和保洁阿姨清扫垃圾的负担，是不讨人喜欢的行为。妈妈还可以通过各种图书和动画片，让孩子理解乱扔垃圾的危害，加深孩子的印象。

3. 让孩子体验清扫垃圾的感受

妈妈们可以让喜欢乱扔垃圾的孩子参与打扫卫生、清理公共场合的垃圾等环保活动，让孩子亲身体验到清扫垃圾的不容易，从小树立环保意识，减少乱扔垃圾的行为。

4. 表扬孩子不乱扔垃圾的行为

一旦发现孩子乱扔垃圾的行为减少了，或者孩子能够自觉把垃圾丢到垃圾箱里，妈妈们就应该及时表扬和鼓励孩子，让孩子看到自己的进步，知道自己已经是一个讲文明的乖孩子了。这样，孩子就会时刻提醒自己不能随手乱扔垃圾，当看到别人乱扔垃圾时，他甚至还会出手予以制止。

教育孩子不能随地吐痰

周末的一天，欣欣和同学小杰相约去图书馆看书。走在半路上，小杰就发现欣欣总是咳嗽，似乎是感冒了。到了图书馆，欣欣咳得更厉害了。

“你身体不舒服吗？”小杰关切地问道，“要是不舒服咱们就回去吧，下次咱们再一起来。”

“没事儿，我只是有点感冒，喉咙里的痰总是咳不出来……”说着欣欣就又开始咳嗽了。寂静的图书馆里回荡着欣欣的咳嗽声。小杰认为这样会影响其他人看书，但碍于情面并没有对欣欣说什么。

不一会儿，欣欣不仅咳嗽，还开始随地乱吐痰。“这股痰终于能咳出来了。”欣欣说着又大声咳嗽了一声，然后一扭头，把痰吐在了图书馆的地面上。

看到垃圾桶就在欣欣旁边，小杰不禁开口提醒道：“你旁边不是有垃圾桶吗？把痰吐到那里岂不是更好？随地吐痰多不卫生啊！”

欣欣听后脸红了，不悦地说：“我是一个病人，你怎么能这样对我说话？”

小杰耐心地说道：“我知道你生病了，但你也不能随地吐痰啊，因为这样做实在太不卫生了，我妈妈跟我说过，这样不仅清洁工人要花时间打扫，还会传播疾病的。”欣欣低下头，羞愧地说不出话来。

正如故事中的小杰所言，在公共场合随地吐痰，不仅是一种不文明的行为，还有可能危害其他人的身体健康。然而在现实生活中，有的孩子不仅喜欢在公共场合随地吐痰，甚至还将痰液吐到别人身上，毫无文明礼貌可言。面对这样的孩子，妈妈们应该如何正确引导，从而让孩子提高自身素质呢？

1. 规定孩子时刻保持环境卫生

妈妈们不仅要规定孩子在公共场合保持环境卫生，平时在家里也应该要求孩子时刻保持一个整洁、卫生的环境，比如家里的桌椅要摆放整齐、地板要擦干净，同时要求孩子把痰吐到卫生间或者痰盂里。

2. 教孩子唱不随地吐痰的儿歌

妈妈们可以教孩子唱不随地吐痰的儿歌，例如“痰本带病毒，不可随地吐；有痰想吐时，纸巾来包住；扔进垃圾桶，体现高素质。”儿歌的语言简洁精炼，内容浅显易懂，节奏感强，便于孩子理解和记忆，可以让孩子的记忆更牢固。

3. 让孩子自行判断吐痰是否文明

妈妈们可以给孩子举一个随地吐痰的例子，并说明其危害性，然后再举一个不随地吐痰的例子，让孩子认真思考，自行判断吐痰是否文明，并让他说出理由。这样做能让孩子的理解更透彻、记忆更深刻，避免其再犯同样的错误。

4. 告诉孩子在公共场合如何吐痰

不准随地吐痰，不等于把痰往肚内咽——这样做是极不卫生的。妈妈们可以这样跟孩子说：“有了痰，我们必须吐在痰盂内。”如今每个城市的公共卫生设施多设有痰盂，如果没有痰盂，家长可以告诉孩子在外出时带上一些卫生纸，想要吐痰的时候可以吐到纸上，然后放到垃圾桶里，这样环卫部门就会进行灭毒处理，从而避免因为痰的原因而污染环境、传播病菌。

告诫孩子，不要随意破坏花草树木

公共场合的花草树木本来应该受到保护，然而很多孩子没有爱护花草的意识，在公园、广场等公共场合，他们总喜欢践踏草坪，把娇艳的花朵摘下来，扔得到处都是。面对这种情况，家长都烦恼透了。每次出门前都告诫过孩子“不可以踩小草，也不可以随便摘花”，然而孩子根本就听不进去，一看见小花小草就像有仇似的，非要踩上去或摘几朵。有的孩子即便听到了你大吼的制止声也会充耳不闻。

爱护花草树木是每一个孩子都应该拥有的公德意识。为此，妈妈们应该从小抓起，给予那些不爱护花草树木的孩子以适当的引导和教育。

1. 树立孩子爱护花草的意识

要想让孩子爱护花草，妈妈们首先应该帮孩子树立爱护花草的意识。妈妈可以经常带孩子到公园观赏花草，或者带孩子去郊外游玩。在游玩的过程中，妈妈要告诉孩子：花草树木是我们人类的好朋友，它们可以美化我们的生活环境，还可以制造氧气，让人类可以正常呼吸……所以我们应该好好地爱护它们！

然后，家长可以将花草树木“拟人化”，讲一讲它们的“感受”，使孩子对花草树木产生移情心理，从而产生同情心，使之爱护花草树木就像爱护自己一样。

这天，妈妈带着小英去公园玩。在一条小路旁，小英看到了一株无花果树，奇怪的叶子和果实让她非常感兴趣。“妈妈，那个果实太可爱了，你能帮我摘一个好吗？”小英向妈妈提出了要求。

妈妈没有拒绝，也无法拒绝。当她摘下小无花果的时候，断截处有一些黏黏的白色液体流了下来，当她摘下一片叶子的时候也发生了同样的情况。小英很好奇，嘴里嘟囔道：“咦，太奇怪了。”

妈妈觉得这是教育小英的好时机，于是赶紧问小英：“你知道这些白色的液体是什么东西吗？”小英摇摇头。

“那我现在告诉你，这些白色的液体就是它们的眼泪，它被我们摘下来的时候，会很疼的，所以会哭出眼泪！”

小英半信半疑地问道：“为什么我过去摘树叶的时候没看到它们的眼泪啊？”

“那是因为好多人都去摘，它们的眼泪都流干了。”

小英仿佛明白了，说道：“原来它们也会疼啊，那我以后再也不要摘它们了。”

这次事件之后，小英再出门看到漂亮的花朵，再也不去摘了。

2. 规定孩子“能做什么”和“不能做什么”

除了帮助孩子树立爱护花草的意识，妈妈们还应该对孩子的行为做出明确规定，比如规定孩子不能践踏小草，不能采摘花朵，不能在树干上乱刻乱画等；同时还应该鼓励孩子给花草树木浇水、除虫等。

3. 让孩子立刻行动起来

当孩子逐渐表现出爱护花草的迹象时，妈妈们应该鼓励孩子立即行动起来。可以去公园里“领养”一棵小树，也可以在家里种植一些小花小草，让它们和孩子一起快乐成长。

Part 9

让孩子走出家门，走进自己的交际圈

正确认识孩子的交往能力

每个人从出生起，就有着渴望与外界互动沟通的意愿。所以孩子的社会性发展不能说从什么时候开始，而是与生俱来的，就看我们如何去促进它。每个孩子都有着自己独特的性格，也有着属于自己的交往方式和社交圈子。有的孩子会主动与人说话，而有的孩子在家长的吼叫威胁下，仍旧不愿意与人交谈。但无论你的孩子情况如何，妈妈们都需要确信一点，那就是孩子的交往潜力是很大的，主要看妈妈们怎么培养。

事实上，很多妈妈对孩子的交往能力的认识都存在误区。

误区一：孩子在人前敢大声说话就是“会交际”

大声嚷嚷并不比柔声细语更有说服力，在孩子的交往过程中，能不能大声说话并不是重点，能不能维系友谊才是孩子间交际问题的关键。

误区二：孩子还小，礼貌不周全也没关系

讲礼貌的习惯是需要从小培养的，孩子越早拥有礼貌的态度，越容易被别人接受。

一天，苏联儿童文学家盖达尔来到少先队的夏令营营地，他要为在这里的少年朋友们讲述自己创作的童话故事《一块烫石头》。

孩子们都聚精会神地倾听着盖达尔的故事，正在这时，陪盖达尔一起来的他5岁的小女儿珍妮却旁若无人地在旁边走来走去，还时不时地跺跺脚，发出恼人的声音，想引起别人的注意。看着她那得意洋洋的神情，大家都猜到了她想表达什么：“瞧我多么了不起！我是盖达尔的女儿！你们一个个都在听我爸爸讲故事呢！”

盖达尔看到珍妮的所作所为，中断了故事，提高嗓门对大家说：“请把这个不懂礼貌、不守秩序的小家伙撵出去！她妨碍了大家安静地享受故事。”小珍妮没料到爸爸竟然这么“绝情”，连哭带喊地撒起野来，但是没有人同情她。她硬是被工作人员拖了出去，一个人在一间小屋里对着墙哭了个痛快。

盖达尔的故事结束了，孩子们对他报以经久不息的掌声，感谢他讲述的动人故事，更感谢他为他们上的生动一课。在盖达尔即将离开的时候，两个少年送给他一个笔记本，扉页上写着：“赠给公正无私的阿尔卡蒂·盖达尔伯伯。”

5岁的小珍妮想要借着父亲的声望出风头，做出了十分不礼貌的举动。盖达尔清楚地认识到，这种莫名的优越感如果不加以遏止，会使她成为一个难以融入集体的人。他的做法将珍妮自持不凡的傲气和优越感一扫而光，这比枯燥的说教要有效得多。

误区三：认识新朋友才是“交际”

认识新朋友当然可以提高孩子的交往能力，但孩子的大部分时间是和家人在一起的，所以和家人的相处情况也可以看出孩子的交往能力。

误区四：自己孩子应该和“聪明”的孩子交往

有的妈妈认为“聪明”的孩子学习就好，希望自己的孩子结交“聪明”的小朋友，并有意无意地给孩子灌输了这样的思想。事实上，每个人都有自己的弱项和强项。即使孩子的小伙伴在某个方面不如他，但别人的长处仍是值得学习的，例如待人有礼貌、能为别人着想等好的品质。

误区五：朋友越多越好

没有朋友当然不是良好的交往状态，但是如果有很多朋友，友情却难以长久维持，我们也要反思是不是孩子在交往上存在问题。能够维系较长时间的友谊，哪怕孩子只有一个朋友，我们也不必太担心。

误区六：父母代替孩子交往

有些家长在孩子与朋友的交往问题上表现得比较好面子，有时担心孩子不会交往，就索性代替孩子。例如，有个妈妈虚荣心很重，每当她带着女儿见到熟人，还没等孩子说话，她就先开了口："我们家孩子胆子比较小，容易害羞。"其实，她是担心自己孩子笨嘴笨舌，话不得体而让自己没面子。可这样一来，孩子本来想要说的话也不敢讲出口了。殊不知这样做，虽然保全了父母的"面子"，却让孩子损失了可贵的交往机会。

妈妈们对孩子的交往能力要有一个正确的认识，并能帮助他们提高交往能力和社会适应能力，这对孩子长大后乐观地对待人生，积极地适应各种环境，协调好与他人的关系，勇敢地承担起社会责任等有着重要意义。

给孩子更多的交际机会

小谷本来是个活泼开朗的孩子，但是上了小学以后，他变得越来越内向了。小谷的妈妈平时对小谷管得特别严，每天上学放学都要亲自接送，她不同意小谷参加学校的课后兴趣小组，不允许小谷放学后在学校逗留，也不让他和同学一起玩。

小谷已经向妈妈抱怨过很多次了：“妈妈，为什么其他同学放学以后可以在学校里一起玩会儿游戏，我就不可以呢？”“妈妈，今天下午放学我想和同学一起去学校附近的花鸟市场看看，就一会儿也不行吗？”“妈妈，我现在都没朋友了，同学都知道你不许我和他们一起玩，所以都不找我了。”

但无论小谷怎么抱怨，妈妈的态度都是一样的，有时候她甚至会对小谷吼叫斥责：“放学就是让你回家的时间，在学校有什么可玩的，家里那么多玩具还不够你玩？整天待在学校你也不嫌腻！”“和同学乱逛什么，多浪费时间呐，玩多了心就野了，还能安下心来学习吗？你已经是小学生了，别把自己当小孩子。”“要那么多朋友有什么用，跟那些贪玩的孩子都学坏了。”

就这样，小谷在妈妈的严密“监控”下，离小伙伴越来越远，性格也越来越内向。慢慢地，连和老师同学沟通都变得困难了。

生活中，我们常常能看到孩子在独自一个人游戏的时候，会一面做动作，一面念念有词地与假想中的伙伴对话，从孩子的这个举动中，就可以看出他们是多么渴望与伙伴交往和玩耍。

交朋友是孩子从两三岁起就有的一种心理需要。在与伙伴的交往中，他们可以认识自己、了解他人；体验到各种快乐与苦恼；相互交流知识、经验和技能；学会分享、合作等良好的社会行为。而且良好的伙伴关系能够让孩子具有安全感和归属感，可以减轻孩子由于孤独而产生的焦虑和恐惧。

孩子与家人间的交往和他们与小伙伴的交往是不一样的，孩子的交往能力更需要从后者中培养。孩子与小伙伴在一起时，会遇到很多他们和成人在一起时不可能遇到的矛盾，孩子正是在处理这些矛盾的过程中学会了如何协调人际关系，实现他们的社会化的。因此，好妈妈在培养孩子的过程中会非常注重给孩子一个合群的机会，鼓励孩子广交朋友，多创造一些机会让他与朋友一起玩耍、嬉戏与互动。

在孩子与伙伴交往的过程中，有以下两点问题是需要妈妈们注意的。

1. 给孩子充分的交往自由

妈妈们给他们自由选择小朋友的权利。有些孩子喜欢和比自己大的孩子一起玩，有些孩子则相反。有的妈妈担心自己的孩子和大孩子一起玩会吃亏，就加以限制。但事实上，大多数的大孩子并不会真的蛮不讲理地欺负比自己小的孩子，无形当中，他们还会充当你无法充当的指导者的角色。和比自己小一些的孩子在一起，孩子能学会照料别人。

2. 尊重孩子的朋友

妈妈中午临时回家取文件，发现10岁的儿子李果正和两个朋友在家里“大吃大喝”，零食、水果、碗筷摆了一大桌。李果没想到妈妈会突然回来，忙站起来叫了声“妈”。妈妈没有应声，这时，李果的两个朋友也连忙站起来问好：“阿姨，您回来啦！”妈妈还是一声没吭，径直走进书房，“砰”的一声关上了门。李果的朋友见状，吓得连忙溜走了。

当天晚上，李果回到家，晚饭也没吃就回自己的房间了。尽管妈妈和爸爸轮流在门外敲门，苦言相劝，李果却始终滴水未进，而且一连好几天都没有食欲，情绪低落，打不起精神来。

家长不尊重孩子的朋友，会让孩子的自尊心受到严重伤害。李果妈妈的做法不仅让李果感到对不起朋友、无颜面对他们，还会让他产生妈妈不给自己留面子、不尊重自己的想法。须知，家长尊重孩子的朋友，也就是尊重孩子本人，从家长对待自己朋友的善意中，孩子不仅能够感到欣慰和满足，也会得到朋友的认可和接纳。所以，妈妈们要真心诚意地对待孩子的朋友。

人的本质是一切社会关系的总和，孩子应该在伙伴中成长，这对于每个孩子来说都是非常重要，所以妈妈们应该给予孩子充分的交际机会。

帮助孩子融入人群

社会交往能力越强的人越容易走向成功。随着社会的进步，孩子的成长环境越来越优越，孩子有了更多外在表现的机会，妈妈们该怎样帮助孩子，尤其是那些害羞腼腆的孩子融入新的团体，有个好人缘呢？可以从以下几个方法入手加以培养。

1. 给孩子积极的暗示

有些妈妈为了在社交场合挽回面子，常常当着孩子的面对别人说“我女儿太腼腆”“这孩子有点认生”，或是“他是我们家脸皮最薄的”。孩子听多了妈妈对自己的消极评价，就会认为自己的个性就是内向、害羞的，从而视腼腆为理所当然，以后还会利用这个标识来逃避不喜欢的人，让害羞成为有意识的行为。所以，妈妈们要理解孩子害羞的行为，给他们积极的暗示，而不是乱贴负面标签。

盼盼是个很容易害羞的女孩。偶尔有熟悉的长辈跟她开玩笑，她不是支吾着说不出话来，就是哭着跑开了。所以每次妈妈带盼盼出门，回家后都免不了要吼她一顿：“你怎么这么不争气，连句完整话都说不出来！”

一天，妈妈的朋友来家里做客，还带来了一个活泼可爱的小妹妹。在盼盼房间，小妹妹央求盼盼跟自己一起唱儿歌，之后又拉着盼盼来到客厅，要给大人表演。盼盼不想让小妹妹失望，所以，两个孩子就当着大人的面唱了起来，还跳了舞。盼盼的爸爸妈妈和客人们都很高兴，交口称赞，盼盼自己也很开心。

客人离开后，妈妈对盼盼说："你今天的表现太棒了！妈妈终于知道盼盼也是个开朗大方的孩子。过去是妈妈误会了你。现在，妈妈跟你说对不起。"

看着妈妈真诚的样子，一直笼罩在盼盼心头的乌云渐渐消散了。

有时候，孩子之所以在人际交往中显得紧张慌乱，与家长不当的教育方式有很大关系。一个自信心严重受创的孩子，又怎么能变得开朗大方呢？所以，当孩子害羞胆怯、不知所措的时候，妈妈们要做的，就是不厌其烦地支持和鼓励他们。

2. 让孩子学习与陌生人说话

有的妈妈怕孩子在外面受欺负，会吃亏、学坏，就经常吓唬孩子，时间久了，孩子就会变得胆小，怕见生人。可事实上，教会孩子如何面对陌生人，要比将孩子与外界隔离好得多。妈妈们应该为孩子创造与人交往的条件，放手鼓励孩子和周围的小朋友一起玩耍，这样他们的交往能力会自然而然地得到提高。

3. 鼓励孩子与朋友互相到各自家里做客

鼓励孩子邀请朋友到家里来玩，孩子们就会有更多的时间在一起，也就有更多的机会去学习处理在游戏中可能发生的纠纷。妈妈们还可以鼓励孩子带些小礼物去朋友家做客，这样既礼貌，又能让孩子学会分享。

4. 修正孩子交往中的不当行为

在与人交往的过程中，孩子可能会出现不当行为，比如不礼貌、过分吝啬或者欺负小朋友等。这时妈妈们要帮助孩子认识自己行为的不当之处，并帮助孩子改进；而且还要教给孩子日常礼貌用语，当孩子在别人面前能够很好地使用它们的时候，通常会得到对方的良好反馈，这对增强孩子与人交往的信心大有益处。

让孩子学会自己解决冲突

5岁的豆丁正在高兴地摆弄着他的飞行大队，每一架小飞机都是那么精致和漂亮。这时四岁半的小表弟牛牛跑过来，一把拿走了其中一架蓝色的飞机。

“快给我拿过来！”豆丁马上冲表弟吼道。“就不给！就不给！我也要玩！”“不行！那是我的！”“你凭什么不分给我玩儿！”“我说了那是我——的——！”

两个孩子吵得面红耳赤，豆丁妈见到后，对他们大吼道：“跟你们说了多少遍了，不要争抢，不要打架，你们就是不听。那我只好把这些飞机都收起来，你们谁也别玩儿！”

玩具被没收后，两个孩子只好乖乖地坐在客厅里看电视，然而没过一会儿，两人又因为看哪个频道而吵了起来。豆丁妈只好再次出马，大吼道：“豆丁，你怎么总是不知道让着弟弟呢！赶紧回自己屋里待着去！”

让人没想到的是，两个小时后，两个孩子在吃饭时又为了争抢座位发生了冲突……

孩子们在一起玩耍或游戏的过程中，时常会发生争执、吵闹，这是孩子交往过程中的正常现象。但当豆丁和牛牛发生冲突时，豆丁妈没收玩具的做法却只是暂时缓解了两个孩子的矛盾，两个孩子并没有学会如何处理与伙伴间的纠纷，所以一旦遇到矛盾，还是会发生类似的冲突。

另外，当豆丁和牛牛第二次爆发冲突时，豆丁妈断然地在矛盾当中选择偏向一方，这也很容易引起孩子之间的妒忌和心理不平衡。同时，这也容易让孩子一遇到困难或麻烦，就本能地去找她解决。

再有，孩子的思维方式和成年人是不同的，在成年人看来是很严重的问题，而在孩子看来或许并没有什么大不了的，所以，如果用大人的思维方式去看待孩子间的纠纷，很容易把问题复杂化。

放学后，10岁的小鹏和小区里的几个同龄孩子一起玩耍。原本几个孩子玩得好好的，后来不知为什么几个人吵了起来，而且吵得很凶，可谓声嘶力竭。小鹏的妈妈听见了，赶紧跑到了楼下。一看才知道，几个孩子正在为几块石子吵架。原来，同伴们把小鹏的石子抢去了，小鹏很生气，就跟他们吵了起来。看到妈妈来了，小鹏委屈地哭了出来。

当时，小鹏妈很生气，非常想训斥那些不讲理的孩子，但她转念一想，她参与孩子间的吵架会被人耻笑。碍于情面，她说："宝贝，咱们回家去，不跟他们玩了！"不料小鹏坚持说想要回石子。小鹏妈说："几块破石子，有什么好玩的！回家妈妈给你做好吃的。"小鹏仍然拒绝。她只好对那群孩子说："小朋友们，阿姨相信你们都是好孩子，快把石子还给他吧，行吗？"可孩子们都充耳不闻。

小鹏妈的怒火一下子上来了，她大声吼道："小鹏，你回不回家？！"小鹏一歪头："不回！"

"那好，我不管你了，你自己解决吧。但是有一条，不许哭，男子汉哭什么！"小鹏妈说完就回家了，但她的心思还留在外面，她真的很担心儿子会挨打。

然而没过多久，小鹏就高高兴兴地拿着石子回来了。仔细一问，小鹏妈才知道，原来几个小朋友又和好了。她问小鹏用了什么方法，小鹏笑着说道："这是个秘密！"

可见，在孩子与小伙伴发生纠纷时，家长过多干预或介入，充当审判官、仲裁者或者保护神的做法并不可取。其实，当孩子遇到冲突的时候，最好的办法莫过于让孩子自己解决纠纷。这样做的好处在于能够让孩子懂得，以后再碰到类似事件该如何解决，并从中学会明辨是非、自我保护、宽容忍让和沟通协调，使其在纠纷中学习、成长。

那么，妈妈们具体要怎么做呢？

1. 对冲突要有正确的认识

孩子间发生冲突的原因往往多种多样，在得知孩子遇到了冲突以后，妈妈们不要先想着怎样保护自己的孩子不吃亏，也不要偏听偏信孩子的一面之词，而是应全面了解事情的真相。

2. 让孩子自己面对冲突

当孩子和小伙伴发生矛盾时，妈妈们不要轻易出面帮助孩子解决问题，最好先让孩子自己想办法。当孩子遇到困惑或是处理不当时，父母再巧妙介入，从旁指导，这样孩子会在独立处理问题的过程中逐渐成长。

3. 教孩子一些机智处理矛盾的方法

例如，当什么人或者什么事让孩子大发脾气时，妈妈们可以建议他运用转移法，离开这个人或这个地方，"眼不见，心不烦"，有话以后再说。又如，当孩子感到委屈时，可以让他运用释放法，在野外尽情地蹦跳，或大喊大叫，还可以让孩子做一些感到快乐的事情。

4. 及时制止伤害行为

如果孩子在冲突中出现了打斗等不良行为，妈妈们要尽快制止，避免意外发生。

培养孩子的“领头羊”意识

生活中有些孩子和伙伴一起玩要的时候，总能脱颖而出成为“头儿”。他们有一种团结人的本领，让人心甘情愿地向他们靠拢并信服他们。每当伙伴里有人因为意见不合发生争执时，他们总能轻而易举地解决问题。他们还善于发现、发挥别人的优点，所以，伙伴们都喜欢他，愿意在他的“指挥”下行动。其实，这就是孩子的领导能力。事实上，这世上没有天生的领导者，领导能力需要通过后天的训练获得。从小培养孩子的领导才能，能大大增加孩子将来成功的可能。具体来说有哪些办法呢？

1. 让孩子乐于“推销”自己

涂乐是个快乐的女孩，走到哪里都会认识很多朋友。因为搬家，她换了一家新的幼儿园。自由活动时，涂乐拿着自己的《恐龙画册》来到小朋友中间，开心地对大家说：“我叫涂乐，从今天起我就是咱们幼儿园向日葵班的一员了。我讲故事讲得可好了，有谁想听听我讲的恐龙故事吗？”不一会儿，涂乐周围就聚集了好多小朋友。

那些乐于推销自己的孩子，都有着开朗、自信、乐观的性格。而事实证明，无论大人还是孩子，都没有办法让自己不喜欢自信、阳光的人。所以，这样的孩子走到哪里都会有人愿意与他交朋友。

2. 鼓励孩子的奇想和行动

领导者有一个共同的特点，就是能够勾勒出一幅蓝图，吸引伙伴为了这个蓝图和自己一同奋斗。要想成为“领头羊”，孩子就必须敢于幻想，能够提出许多“奇思妙想”，让大家跟自己一起付诸实践。

特特是个孩子王，在小伙伴中很有号召力，他经常带着大家做些有趣的事：夏天到了，小河里鱼多了起来，他就带着伙伴们把小溪堵成几段，先往外面舀水，再一起摸鱼；秋天到了，他带着伙伴们上山捡栗子卖；冬天到了，他又领着大家去雪地里抓野鸡和野兔。

能够成为“孩子王”的人，往往都像特特这样，善于思考、推测和判断。家长要欣赏孩子的“奇思妙想”，并鼓励他们去实践、去行动。在行动中，孩子能够锻炼实现梦想的能力，也能够吸引更多的追随者。

3. 支持孩子参加竞选

培养孩子的领导能力，离不开各种实战经验。家长应鼓励孩子参加生活中的各种竞选活动，这对孩子是一个很好的锻炼机会。竞选成功，孩子成为小领导，能在实践中锤炼领导能力；竞选失败，也能够获得一些经验，为下次参选打下基础。

4. 用肯定增强孩子的自信

能做“领头羊”的孩子一般都有着强烈的自信心。越是身居领导的位置，越会对胜负更在乎，对他人的评价也更敏感。而一些失误可能会让他们对自己的领导能力产生怀疑。这时，家长要强化孩子的领导意识，对他们时刻给予肯定，别让一些小失误挫败了他们的自信。

指导孩子多交益友

孩子的成长离不开朋友的陪伴，没有朋友的童年，是凄惨的、荒凉的，会少了许多欢声笑语。然而“一个善良的朋友能将人带入天堂，而一个邪恶的朋友能将人引入地狱”，孩子若拥有几个真诚、善良的朋友，那么，就会有人指正他的缺点，听他倾诉人生理想，与他一起分享生活中的苦乐；但若有一些别有用心的坏朋友，那他可能就会偏离积极的人生轨道，离成功越来越远。

16岁的小伟是个健康活泼、成绩优秀的男孩。上了初中，他与一个叫阿光的同学很要好。因为同情阿光父母离异、生活困窘，小伟的父母总是留阿光在家里吃饭，过年过节给小伟买礼物的时候，也会给阿光带一份。有了家长的支持，两个男孩更是形影不离了。

后来，成绩不好的阿光突然喜欢上了网络游戏。在他的带领下，小伟放学后开始和阿光一起在网吧玩游戏，后来越玩越上瘾，甚至发展到逃课玩游戏的地步。家长和老师忧心地劝说小伟，却往往抵不过阿光的一句话，两个人几乎每天都要去网吧报到。小伟的父母担心儿子在环境复杂的网吧受到伤害，就买了一台电脑。没想到阿光从此天天待在小伟家，还鼓动小伟别去上学。

因为同情阿光的身世，小伟的父母不忍心赶他走，只能劝自己的儿子。没想到阿光却在一旁不时地拆台：当父母说不上学就没有出路时，阿光就说现在大学生也很难找工作，上学一样没出路；假期补课，父母劝小伟去学校，阿光却说，就这么几天，去了也没什么大用处，还不如在家玩游戏升级。

小伟的父母实在没办法，只好禁止他再和阿光来往。小伟委屈极了，他哭着说自己只有阿光这么一个朋友了，如果连阿光都不理他，活着还有什么意思。眼看着中考就要到了，面对日益堕落的儿子，小伟的父母不知道该怎么办才好。

好妈妈们应该给孩子选择朋友的自由，但这并不是说你就不做任何干预，对孩子放任自流。孩子的自制力和辨别能力还很差，很容易因交友不善而误入歧途。如果你的孩子交了不好的朋友，你也不要过度谴责孩子，吼叫教育不能从根本上改变什么，你应该帮孩子正确认识一些错误行为的弊端，提高孩子辨别是非的能力。这样，孩子今后才会主动远离那些行为习惯不好的人，和健康向上、积极进取的人做朋友。对此，妈妈们必须做好以下两点：

1. 要让孩子知道，真正的朋友是会相互促进的

朋友相交，看重的不是物质层面的给予，而是精神层面的给予，要看他能不能给予对方有益的影响。家长要让孩子多和有利于自身进步的人交往。

上高中的小齐和小关是同桌，两个人住在一个宿舍，平时共用一套学习资料，在学习上互相督促，关系非常好。

高二时，小齐和同校的一个男孩彼此产生了好感。两人偷偷逛街时，被小齐的邻居阿姨发现了。当她添油加醋地把此事汇报给小齐妈妈时，小齐妈妈吓坏了，于是，在周末小齐回家后，她便大吼着质问女儿此事。小齐最初不肯承认，后来索性闹了一场。回到学校后，她和那个男孩来往得反而更密切了。

小齐妈妈意识到自己太急躁了，可女儿已经对自己产生了敌对心理，讲再多道理恐怕都听不进去。于是，她找到了女儿的好朋友小关，希望她能劝劝小齐。没想到小关出马，效果出奇得好。她不仅设身处地地为小齐做思想工作，时常在她身边提醒着，还帮助她补习落下的功课，小齐很快就把处于萌芽状态的恋情化为学习动力了。同她要好的那个男孩在她的鼓励下也很用功。后来，三个人都考上了大学。

2. 及时制止孩子与恶友的交往

发现孩子与品行不良的人交往时，妈妈们要马上制止。因为孩子一旦沉溺其中，再想抽身出来就很困难了。

爸爸发现小楠最近总是偷拿自己的烟。悄悄跟随后才发现，小楠在和新交的朋友学抽烟。回到家，爸爸将此事跟小楠妈妈说了，两人一起问小楠为什么这样做。小楠对爸妈说："因为我不想让别人看扁，不想被人欺负。"爸妈很诧异地问小楠："就算学会了抽烟，就不会被人看扁吗？如果没有真本事，还是得不到大家的尊重。"小楠问爸妈："那我该怎么办？我成绩不够好，大家似乎都注意不到我。新交的朋友说会抽烟的男生才够帅气，能让别人刮目相看。"

爸妈知道小楠交了坏朋友，便说："别再和那些坏朋友来往了，他们那么说，不过是想忽悠你从家里拿烟给他们抽罢了。而且也不是没有人注意你，或许你过于沉默没有给别人与你接触的机会啊。这样吧，从明天开始，爸爸妈妈给你请家教，只要你肯努力，成绩就会有所提高，大家一定愿意和成绩好的你做朋友。"小楠很希望能得到别人的尊重，就同意了爸妈的建议。

孩子与品行不良的人交往，总会有些原因，比如不想受欺负、想得到关注、想被人尊重等。这些心理需求，是可以通过健康、积极的手段获得的。因此妈妈们要及时制止孩子从恶友那里得到这类满足心理需求的方式，指导孩子与好孩子交往。

让孩子懂得团结合作

张楠是个骄傲的男孩，平时比较自我，喜欢指挥别人。体育课的时候，班里的男同学经常会在操场上分成两队踢足球，这时，大家都不喜欢和张楠一组，因为他总是只顾个人表现，得到球就射门，根本不与队友合作，弄得他所在的那一队经常丢分。时间久了，大家便经常不约而同地不传球给他。

后来，张楠妈妈发现只要是有体育课的日子，张楠回到家里情绪总是不太好，就去学校看了几次他们的比赛。了解了情况后，妈妈对张楠说："楠楠，球队是一个团体，不能总是想着自己能得到几次射门机会、能进几个球，而应该与其他队友互相配合，将整支球队的力量发挥出来，共同寻找最佳的时机进球。如果每个队员踢起球来都像你这样，那么球队就是一盘散沙，又怎么可能获胜呢？"张楠听了妈妈的话，又想到队友们对自己的态度，惭愧地低下了头。

善于合作是孩子未来立足社会不可缺少的重要素质之一。一个具有合作精神、合作能力的人，更容易获得他人的支持，因而其成功的几率也会大大增加。妈妈必须帮助孩子树立正确的合作意识。

1. 让孩子学会接受和欣赏别人

有效的合作要求双方能够充分利用各自的优势和资源，弥补各自的不足来共同获取更大的效益，在这个过程中，对合作伙伴的接纳和欣赏非常重要。妈妈们可以通过讲故事等形式让孩子明白每个人都有各自的长处和短处，不要妒忌或是轻视别人的长处，也不要自傲或是对自己失去信心，要善于发挥彼此的长处，互为助益，从而实现双赢。

2. 让孩子多参加集体活动

妈妈们要鼓励孩子到集体中去，在集体活动中自觉地领悟与他人真诚合作的必要性。而这也有助于孩子形成开朗、大方、乐于助人等个性。对于一些不太合群的孩子，妈妈们更应该争取各种机会，让他们参与到群体活动中去。

3. 让孩子感受到合作的快乐

妈妈们要注意引导孩子感受合作的成果，体验合作的快乐，以激发他们进一步合作的冲动，使他们的合作行为更加稳定、更加自觉。为此，妈妈们可以引导孩子回想比较成功或失败的合作经历，让孩子从中总结经验，并在实践中体会合作的快乐和必要性。

但不是所有合作都会取得成功，妈妈们要让孩子明白，只要在合作的过程中，所有参与者都尽到了自己的最大努力，同时每个人都非常愉快，那么这就是合作的成功表现。妈妈们还要对孩子合作后的结果给予恰当的肯定，对不能与他人很好合作的孩子给予指正和鼓励。

此外，妈妈们要告诉孩子，在合作的过程中，不能唯我独尊，只顾自己，要充分考虑他人的需求和感受，必要时还应做出一些让步和牺牲；要尊重对方，服从大局，但也要有自己的立场，迁就和让步是有限度的；要想取得合作伙伴的尊重和信任，坚持自己的正直个性是不可缺少的。

教孩子学会分享

自私自利的孩子往往只顾自己，一切都以自我为中心，在财物上比较吝啬，所以他们很难让人喜欢，更交不到相知的朋友，将来融入社会也会有一定障碍。所以学会分享是孩子社会化发展的一项重要内容，它将直接影响到他们将来能否很好地在社会上立足。

一天，妈妈的朋友送来了两箱苹果。其中一箱比较新鲜，可以放一段时间，而另一箱有些熟过头了，不马上吃掉很快就会腐烂。

于是妈妈把三个孩子找来，一起商量怎么吃这两箱苹果。

大儿子说：“那箱熟的苹果趁坏掉之前赶快吃掉。”妈妈说：“可等熟的那箱吃完，另一箱苹果也就坏了。”

二儿子说：“那就先吃好的那箱吧，这样我们就能尽可能多地吃到好苹果了。”妈妈说：“这样的话，熟的那箱苹果肯定就要全部浪费了。”

这时，小女儿说：“我们把两箱苹果混合起来，分一半给邻居怎么样？这样，所有的苹果都不会浪费了。” 妈妈听了，心满意足地笑了。

接着，妈妈带着三个孩子把苹果分好，挨家挨户地给邻居们送了过去。

孩子在初试分享的过程中，也许会有挣扎和忍耐，但当他们体会到分享给别人带来的愉悦、给自己带来的满足时，就能慢慢理解分享的真正含义，形成分享的意识，发自内心地与人分享了。为此，妈妈们可以从以下几个方面进行尝试。

1. 让孩子明白分享不是失去是互利

孩子之所以不愿与人分享，很重要的一个原因就是，他们认为分享就是失去。妈妈们应该理解孩子这种难以割舍的“痛苦”，并让孩子明白，分享是一种互利行为，分享体现了自己对别人的关心和帮助，而被分享的人也会回报同样的关心和帮助。这样彼此关心、爱护、体贴，大家都会很快乐。

2. 在家里为孩子营造一个分享的氛围

有些孩子在外面不知道关心他人，在家里也不知道体贴父母。父母的关爱是造成这种现象的主要原因，而一旦关爱升级为溺爱，就会让孩子养成不肯分享的坏习惯。所以，从孩子小的时候起，妈妈们就应该加以培养，让他们把喜欢的东西与家人一起分享。如果孩子已经出现自私行为，那妈妈们要及时寻找方法给予纠正，比如通过换位思考的方式让孩子体会自私行为带给别人的伤害；用一些故事让孩子了解自私行为会造成哪些恶劣后果。当然，想让孩子立刻就接受这些是不太现实的，妈妈们需要给他们一个适应的过程。

3. 通过一些实践引导孩子学会分享

孩子的分享行为不是自发形成的，它需要家长的引导和启发。所以妈妈应该多为孩子提供一些与同伴分享的机会，比如邀请孩子的小伙伴来家里做客，鼓励他们拿出自己心爱的玩具和零食招待大家，让他们体验与别人分享的快乐。

另外，妈妈们不要忘了鼓励和夸奖孩子的分享行为和慷慨举动。因为孩子在得到肯定后，往往会更加投入。这将有助于他们良好习惯的强化和巩固。

让孩子学会微笑

美国成功学大师拿破仑·希尔这样总结微笑的力量：“真诚的微笑，效用如同神奇的按钮，能立刻接通他人友善的感情。因为它在告诉对方：我喜欢你，我愿意做你的朋友。同时，它也在说：我想你也会喜欢我的。”的确，微笑是世界上最美丽的表情，是世界上最动听的语言。没有什么能比微笑更打动人的了。

我国著名作家三毛生前一直念念不忘这样一个细节：

在美国的公园里，一个大男孩忽然在她面前站住，友好地对她一笑，然后就跑开了，过一会儿又跑回来，脸上还是那种率真的笑，他轻轻拍打三毛的脸，然后递给她一棵平凡而美丽的青草……

这浪漫而温馨的一幕足以让很多人陶醉。而反观我们的某些孩子，在面对陌生人甚至不够熟悉的家里人时，往往显得胆小、怯懦、畏缩不前，又何谈微笑？2004年8月召开的第28届国际心理学大会上，美国心理学专家琳达·卡姆拉斯指出：美国3周岁孩子的微笑要比同龄的中国孩子多55.6%；相比美国儿童，中国儿童发生内向孤僻和社交问题的比例分别要高出92%和13.8%。

因为父母工作调动，囡囡转学到另一座城市，离开了朝夕相处的好朋友。在新学校里，囡囡觉得很不习惯，因为当地同学的方言她听不太懂，她也不知道该怎样跟他们交流。常常是一群女生在跳皮筋，她却远远地看着，表现得漠不关心。

久而久之，囡囡成了班里的独行侠。一些比她晚转来的女孩都已经跟同学打成一片了，她却还没跟别人说过几句话。这使得本来就性格内向的她变得更加孤僻了——上课不敢举手回答问题，遇到不懂的地方也不敢问，心情总是很沮丧。一个学期下来，原来成绩很好的她有几门功课竟然亮了“红灯”。

班主任找到了囡囡的妈妈，跟她讲了囡囡的情况，妈妈非常生气，觉得孩子太不懂事儿了，怎么这么大了还不会与人交往。可仔细一想，她决定放弃吼叫教育。

“囡囡，其实你可以多对同学微笑，每个人都喜欢和微笑的人做朋友。”囡囡妈妈有意无意地在聊天中给她出了主意。第二天一早，囡囡鼓起勇气对遇到的每一位同学微笑，哪怕笑容还有些羞涩。但她看到了同学们惊讶而友善的表情。

“我们一起擦吧！”下课后，囡囡主动去擦黑板的时候，同桌拿起另一块黑板擦对她说……

微笑是对别人的尊重，也是自己善意的表达；是人际关系的黏合剂，也是化敌为友的一剂良方。英国诗人雪莱说：“微笑，实在是仁爱的象征、快乐的源泉、亲近别人的媒介。有了微笑，人类的感情就沟通了。”所以，妈妈们应该教孩子学会微笑待人，这是缩短孩子与他人距离的最好办法，囡囡的经历就是最好的例子。

生活中，多数孩子都有过这样的经历：做游戏的时候，不小心被伙伴弄疼了；匆忙赶路的时候，被别人踩到，还弄脏了鞋；在公共汽车上，因为急刹车，没有抓牢扶手，被别人撞了一下……凡此种种，妈妈们都要教孩子学会换位思考：发生类似情况时，你是愿意看到一张写满了责备的冷冰冰的脸，还是一张表示谅解的笑脸？相信孩子肯定会不约而同地选择后者，并露出微笑。这时，微笑代表的是一种友善，一种谅解。

当孩子陷入学习上遇到问题、朋友间遇到争议、亲人间遇到误解等种种僵局时，妈妈们可以告诉孩子，与其激烈地相持不下，不如笑一笑。这一笑，对立的情绪缓解了，紧张的气氛松弛了，很多问题也就迎刃而解了。这时，微笑代表的是一种让步，一种豁达。

“小美女，今天感觉怎么样？”一名护士笑着和躺在病床上输液的小女孩打招呼。

“我很好，谢谢阿姨！”这个扑闪着大眼睛，一笑嘴角就露出两个小酒窝的女孩，正是网上广为流传的有着“地震中最美的微笑”的小女孩唐沁。

如果不是5月12日的那场大地震，老师和同学就可以看到唐沁在儿童节表演的新疆舞了。但因为左腿受伤刚做了手术，她还要在病床上休养一阵子。在医院里，她的微笑给连日来心情沉重、疲惫不堪的医护人员带来了安慰。“看到唐沁的笑脸，我们感觉轻松了许多。”一名医生说。

每个人都愿意面对一张微笑的脸。微笑待人的孩子，总是彬彬有礼、和蔼可亲、真诚友善、宽容大度，所以这样的孩子无论走到哪里都会是最受欢迎的人。

让孩子敢于拒绝，敢于说“不”

妈妈总说小黛天生是个软柿子，根本不懂得拒绝别人。每次因为小黛不懂拒绝而招来麻烦时，妈妈都会对她一通吼叫，然后却置之不理。其实小黛自己也很苦恼，可没有人教她，她不知道该如何说出“不”字来。有时候别人请她帮忙，尽管是她不愿意做的事情，可看到别人恳求的目光，她总是把就在嘴边的“不”变成“好”。琐事身缠、身心疲惫的她总是把自己的学习和生活搞得一团糟。

不会拒绝的人很容易被他人左右，有时甚至会给自己带来危险。妈妈们都希望孩子拥有慷慨大方、乐于助人的美德，但任何事情都要讲究一个限度。如果孩子勉为其难地允诺了自己无法履行的职责，只能给自己带来困扰，甚至会因为结果不能让对方满意而对自己的人际关系造成不良影响。

人不是万能的，不可能让所有人都满意。所以，妈妈们要让孩子学会拒绝，不勉强自己。这不仅是孩子自我保护的一种方法，也是孩子需要掌握的一种处事技巧。

要让孩子敢于拒绝，敢于说“不”，妈妈们首先要让孩子知道不懂拒绝会带来哪些危害。我们交往的对象并不都是友善的、讲道理的，也会遇到一些自视过高、混淆是非的人。后者不仅会提出一些无理要求，还会用各种方式强迫对方接受。如果孩子好面子、打肿脸充胖子，最终吃亏的只能是自己。

在上海上大学的张姝即将毕业，很快就要开始工作。这时小姨来上海出差，她就想尽尽地主之谊，用打工赚的钱请小姨吃顿饭。

商场里饭庄林立，张姝让小姨选一家喜欢的饭店。但走过了一家又一家，小姨都表示不满意。最后，两人来到了一家高级酒店门前，小姨说："就这家吧！"看着里面奢华的装潢，张姝忐忑不安地想："我的亲小姨啊，这可是家高级酒店！"可是想到平日里小姨对自己的种种关爱，拒绝的话张姝无论如何都说不出口。

吃饭的时候，张姝心里一直七上八下的，可她还是强颜欢笑地照顾小姨。后来，借着上洗手间的机会，她偷偷看了一下菜单——1000多元。回到座位后，张姝更加坐立不安，终于，她压低了声音对小姨说："小姨，我带的钱不够结账。"

看着面红耳赤的张姝，小姨说："我今天来，就是想给你上一课。你没有那么多钱，为什么还按我的要求进了这家店？为什么不直接告诉我，然后提议换一家呢？如果你拒绝了我，不就能避免没钱结账的尴尬？你还小，以后还会遇到很多类似的事。想让自己活得轻松，就一定要学会拒绝，学会对别人说'不'！"

张姝的小姨用最直接的方式给她上了生动的一课。面对复杂的社会环境，如果孩子一味地迁就别人，不敢、不会、不好意思拒绝别人，只能让自己活得越来越累，甚至蒙受无法承担的损失和伤害。

此外，妈妈们还可以教孩子一些拒绝别人的技巧。拒绝的心意要坚决，但方法可以灵活变通。最直接的方式就是向对方陈述拒绝的理由，比如自己能力有限、经济条件不允许等等。同时，拒绝别人也需要考虑对方的心情，要顾及对方的面子，不让对方尴尬和难堪。

Part 10

当好『心理医生』，用爱呵护孩子的成长

教孩子正确客观地评价自己

接受并喜欢自己，是一个人建立自信和勇气的前提。孩子只有悦纳自己，坦然接受自己的全部，才能在人生的路上勇往直前、无所畏惧。但孩子往往会很在意他人对自己的评价，常常会受到外界的影响而动摇自己。这就需要妈妈们的帮助，指导他们正确对待他人的评价，客观认识自己。

首先，要让孩子认同自己的性别。

有的人常常会以性别的特点对孩子加以评价："男孩就是不如女孩细心，这种事情还是更适合女孩去做。""女孩就是不如男孩聪明。只有学好理科的人才是聪明人，而很少有女孩理科成绩好。"

类似的偏见和否定会让孩子觉得自己真的在某些方面逊色于异性。妈妈们一定要从小鼓励孩子正确认识自己，不要因为外界的否定而妄自菲薄。

暖暖的数学成绩不太好，妈妈一直这样对她说："学好数学需要优秀的理性思维，这对女孩来说太难了。"所以，妈妈从不来不给暖暖补习数学，而是让爸爸来做。有时候爸爸工作忙，暖暖的奶奶就主动代劳。

暖暖的数学成绩稳步上升，爸爸妈妈都以为是奶奶的功劳。而奶奶却说："其实我什么都没做。我只是告诉她，谁说女孩学不好数学？你的数学老师就是女的，数学成绩再优秀的男生不也是她教出来的。"

奶奶只是给了暖暖足够的信任，就让数学不再成为暖暖的障碍。妈妈们一定不要给孩子贴上标签。让孩子认同自己的性别，孩子才能自我肯定，自信地生存、生活。

其次，要鼓励孩子对自己做客观评价。

年幼的孩子生活经验少，理性思维水平还比较低，所以在评价自己的时候经常带有情绪性，很容易受他人言谈和表情的影响，对自己一会儿肯定，一会儿又否定。培养孩子正确评价自己的能力，妈妈们可以有意识地让他们接触一些人物个性鲜明的书籍和影视剧等，通过和孩子一起评价里边的人物，帮助孩子形成正确的价值标准。

最后，要强化孩子的自我价值观，不让孩子盲目追求别人的评价。

童童一直长得胖胖的，小时候她还觉得自己很可爱，可是渐渐长大了，她对自己越来越不满意。童童的妈妈意识到了这点，找来了童童幼儿园演出获奖时的照片给她看，并对她说："从小你就不是个瘦孩子，可是你活泼可爱，又很爱学新东西，所以大家都觉得你很漂亮。"

一天，妈妈和童童一起看电视，得知童童长大了想当主持人，所以后来每当电视里播放某个女主持人的节目时，妈妈都会对童童讲："你看人家也不瘦啊，可是多自信呀。比起外表，气质才是最重要的。"

妈妈们要多向童童妈妈学习，让孩子能够正确对待别人的评价。同时，家长也要多对孩子进行正面评价，让孩子从小就树立起自己不比任何人差的信念。

总之，妈妈们要让孩子知道，每个人都不完美，但每个人都是独一无二的；只有爱自己的人，才能得到别人的爱，只有客观看待自己的人，才能活出自己的精彩。

带孩子走出夸奖的甜蜜“陷阱”

4岁的嫣儿是个活泼乖巧的女孩，很多人见到她都会夸奖一番。一天，妈妈的一位朋友到家里做客，看到可爱的嫣儿，不禁也称赞了几句。嫣儿听了很高兴，甜甜地说“谢谢阿姨”。过了一会儿，家里又来了一位客人。这位客人因为急着和嫣儿的妈妈说事情，就没顾得上和嫣儿打招呼。这时，嫣儿拿了一个香蕉给先来的阿姨。当妈妈问她为什么没有给后来的客人也拿个香蕉时，嫣儿振振有词地说：“谁让她没有夸奖我。”

如今，鼓励教育是很多家长常用的一种教育方法，用来肯定孩子的优点、促进孩子继续进步，很有效果。但夸奖孩子要讲究方式方法，否则，只会像这个故事一样，收到反效果。那么，夸奖孩子有哪些需要妈妈们掌握的技巧呢？

首先，对孩子的夸奖要适度，避免孩子过分依赖夸奖。有些家长望子成龙心切，看到孩子稍微取得一点点的进步就欣喜若狂，赞不绝口。久而久之，必然助长孩子骄傲自满的情绪。而一味地夸奖也容易让孩子变得过分依赖表扬——得到表扬，他们就进步一点，一不表扬就又退步，甚至得不到表扬就没有办法正常学习。

所以，对于孩子，适当的赏识与鼓励是必要的，但妈妈们也要注意千万不要夸奖过了头。有时候，过度的夸奖会给孩子造成心理负担，让孩子变得焦虑、害怕竞争、害怕失败。发现孩子有这种心理，妈妈们要及时疏导。

其次，不要过多称赞孩子的容貌。

一位女士去外国朋友家做客。见到朋友长得非常漂亮的小女儿，她禁不住夸奖道："多么漂亮的孩子呀，实在是太可爱了！"

朋友听了，当时并没有说什么。等女孩离开后，她严肃郑重地对这位女士说："你伤害了我的女儿，应该向她道歉。"

这位女士大惊："我怎么会伤害她呢，我刚刚才赞美了她！"

朋友摇了摇头："问题就出在这里。你称赞她的外表，而外表是父母给予的，与她本人的努力毫无关系。可是现在她还很小，不会分辨，你的夸奖会让她误以为这是她自己的本领，容易把天生的容貌当做值得骄傲的资本。这会影响到她对自己的判断。而她刚刚和你打招呼，递给你水果，这是她自己的行为。你可以为此而夸奖她的礼貌。"

于是，这位女士十分正式地向朋友的小女儿道了歉，同时称赞她很有礼貌。

夸奖孩子长得漂亮，是在变相地向孩子灌输这样的思想：因为漂亮所以才讨人喜欢。时间久了，会让孩子因容貌自傲，而忽略自己内在品质的修养。所以，妈妈们可以称赞孩子的聪慧，可以赞美孩子的诚实，但就是不要去夸孩子长得有多么漂亮，不要让不适当的夸奖助长了孩子的虚荣心。

最后，可以借他人之口夸奖孩子。每个孩子心里都会有自己崇拜的人，借他们的口来夸奖孩子往往会收到很神奇的效果。即便是他们没有崇拜的人所讲的那样优秀，他们也会朝着那个目标去努力。这样的表扬无异于孩子成长的推动器。

引导孩子远离攀比心理

攀比心理是一种“别人有自己也要有，别人好自己要更好”的比较心理，其中隐含着竞争、好胜的心理成分。每个人都有攀比心理，只不过成年人能够理智地加以控制，而成长中的孩子缺乏是非判断标准和自制能力，很难控制自己的攀比欲望。如果家长一味满足孩子的这种心理，只会助长他们的贪婪欲望和虚荣心。而当这种欲望膨胀到一定程度，无法从家长那里得到满足时，孩子就会产生受挫心理。有些孩子为了达到目的甚至不惜走上犯罪的道路。

一家苹果电子产品销售店门前，一个女孩抱着一台平板电脑，一脸愠色。距她不远处，一位中年女子蹲在墙角，不时地抽泣。原来，这个女孩马上要去外地上大学了，今天是特意和母亲一起过来买数码产品的，还指明非“苹果三件套”不可，而且必须是高配。超过2万元的支出让女孩的母亲觉得有些吃不消，她原本好言好语地劝孩子，可孩子不听，妈妈生气地冲她吼了几句，女孩反而怒斥妈妈：“不给我买，就等着我在大学里丢脸吧！”这句话让这位母亲心酸落泪。

一位家长见到了，感慨道：“当年我去大学报到，连饭碗都不带一个，用扁担挑着铺盖就上路了。再看看现在的孩子，真是今非昔比、天上地下。”对此，也有很多商家表示，随着开学季的到来，高端数码产品成了学生的宠儿。他们盲目追求高端配置，什么都挑贵的买，对销售人员的劝阻不以为然。面对孩子的要求，很多家长都表示“伤不起”，却还是选择依从。

有些家长凡事喜欢向钱看，把金钱、地位、名车、豪宅视作衡量成功与否的标准。而成长中的孩子辨别能力较差，在日常生活中受到家长这种潜移默化的影响，很容易发生与人攀比的现象。所以，妈妈们都应该从自身做起，为孩子做出表率，帮助孩子形成正确的荣辱观、消费观。

正确引导孩子盲目攀比的心理，妈妈们可以从以下几点做起。

1. 让孩子知道，每个人的需求是不同的

妈妈们带孩子购物时，要让孩子以自己是否需要为依据，而不是看别人有，自己也非有不可。要让孩子了解物品的性价比，知道物品实用就好，而不是盲目追求高品质、高价位。

2. 坚决拒绝孩子的不合理要求

有些妈妈出于疼爱孩子的心理，认为别的孩子有的，自己的孩子也要有。这种做法容易让孩子产生错误的认识，以为别人有的东西自己也该有，无形中产生攀比念头。为了杜绝这一点，当孩子基于攀比心理提出不合理要求时，妈妈们一定要讲明原因，予以回绝。切忌因为孩子哭闹而心软、改变主意。

3. 利用孩子的攀比心理促进孩子的发展

孩子有攀比意识说明她存在竞争心理，妈妈们可以引导孩子将攀比的焦点放在个人品质、学习能力、良好习惯上，激发孩子的上进心，促进孩子全面发展。

此外，妈妈们不妨鼓励孩子通过自己的努力或劳动来获得想要的东西，让孩子切身体会满足攀比欲望需要付出的代价。

矫正孩子的拜金心态

有位妈妈花600元钱买了两张芭蕾舞剧《白毛女》的票，看完后问女儿有什么感受。女儿想都没想就说："喜儿也真够傻的，黄世仁那么有钱，嫁给他多好。如果喜欢大春，可以让他做情人啊。"妈妈目瞪口呆地看着女儿，只见她自顾自地解释起来："本来就是嘛，有钱就是好。我们班上那些家里有钱的同学吃得好、穿得好，放假了还能出去旅游；没钱的那些同学就常被别人嘲笑打扮老土，成绩再好也没几个人愿意和他们做朋友。可惜我不是个富二代。"

为什么我们原本天真可爱的孩子越来越多地拥护起金钱至上的观念来了？其实，这与她们后天接触的生活环境有关。辨别能力尚且不强的孩子，很容易受外界影响，如果这时妈妈们对孩子进行吼叫教育，强行批判孩子的观念，只会起到相反的作用。妈妈们必须对孩子进行价值观的正确引导，否则他们很可能会走偏。错误思想一旦形成，会对他们今后的生活带来不利影响。那么，妈妈们该怎么做，才能让孩子远离拜金主义、享乐主义的困扰呢？

首先，妈妈们要端正自己的金钱观。

在路上看到名车，妈妈常教育茉茉：“比起咱家的老古董，人家的车才叫好。有钱才能开好车，如果你将来能嫁个有钱人，美食、豪车、别墅，想要什么有什么。”去商场买衣服，妈妈也要专门带茉茉去看那些贵得让人咋舌的精致童装。看着茉茉艳羡的眼神，妈妈也不忘教育她：“这些衣服太贵了，咱们买不起。等你长成大美女了，嫁个有钱人，有的是好看的衣服让你挑。”看到电视里富人和美女相携而出的镜头，妈妈也要不失时机地“启发”茉茉一番：“如果那个女孩长得不漂亮、性格不温柔，怎么会有富人看上她呢？所以你要从小做起，让自己当淑女，这样长大了才能被有钱人看中。”

培养孩子正确的金钱观，妈妈们首先要端正自己的态度。拜金很容易助长孩子的虚荣和投机取巧的心理。这位妈妈鼓动孩子嫁个有钱人的做法，实在不利于孩子美好品质的形成。真正有思想的家长，不拜金、不仇富，即便家里再富有，也不会在孩子面前肆意摆阔，更不会甘当孩子无限额的“提款机”。

其次，对于看重金钱的孩子，妈妈们要转移他们的关注点。

小萱家附近有个大型购物中心，里面可以满足人们餐饮、娱乐、购物等各种需求。小萱一两岁的时候，妈妈经常带她去那里。数不尽的好吃的、好玩的让小萱常常乐不思蜀，以致到了后来，小萱早上醒来第一句话就是让妈妈带自己去购物中心买东西、做游戏。

意识到问题的严重性后，妈妈开始有意识地转变对小萱的教育方式。她先是减少了带小萱去商场的频率，每天都会带小萱在户外做做游戏，让她晒晒太阳、呼吸新鲜空气，顺便锻炼身体。其他时间，妈妈让小萱留在家里或去熟悉的小朋友家里玩。同时，她还开始培养小萱建立正确的金钱观和消费观。每次去超市，小萱都异常兴奋，不停地说要这个、要那个。妈妈事先告诉她，一次只能买一样，其他想要的东西，看看就可以了。对于那些价格昂贵又不实用的商品，她会直接告诉小萱太贵了、性价比不高，所以不买。

最后，妈妈们可以让孩子经历几件有钱也解决不了的事。

为了根除女儿金钱可以解决一切的观念，妈妈可谓费尽苦心。看到媒体上关于因患绝症医治无效而死亡的报道，妈妈就会对女儿感慨一番：“即便是亿万富豪，在绝症面前也往往无能为力。”女儿也会赞同地点头：“看来金钱并不是万能的。”

一次，女儿随学校外出郊游，妈妈特意没有给她带水，而是让她多带了一些钱。回来后，女儿感慨说：“荒郊野岭的，连买水的地方都没有，有钱都花不出去。还好我和同学关系都不错，不然就活活被渴死啦。看来，朋友比钱靠得住。”在妈妈的引导下，女儿的价值观慢慢发生了改变。

孩子受年龄、心智、阅历等各方面限制，难免陷入金钱至上、享乐为先的误区。妈妈们一定要有耐心，潜移默化地纠正孩子的错误认识。

孩子的人生才刚刚开始，正处于为日后的生活打基础的阶段。他们这个阶段应该做的事是培养自己独立生存的能力，而不是衣来伸手、饭来张口，更不是拿着家长辛苦赚来的钱肆意挥霍。生活不是为了享乐，孩子应该有更高远的追求。当妈妈们在孩子脑海中种下了自食其力的想法后，孩子们就会为了生活考虑更多的事情，而不是过分看重金钱、贪图享乐。

不让孩子贪图小便宜

瑶瑶是个开朗活泼的女孩，就是总喜欢占些小便宜，难以抵挡免费赠品的诱惑，还时不时地蹭一些同学的零食和漂亮的小玩意。瑶瑶妈妈认为这无伤大雅，也就没太在意。

因为成绩不好，初中毕业，瑶瑶就没有继续读书，而是在自己家的小饭馆里帮忙。每当看到走南闯北的人在小饭馆里高谈阔论，瑶瑶总是特别羡慕，还有些不甘心。后来，她认识了自称做生意的张哥。从张哥那里，瑶瑶知道了“外面的世界很精彩”。因为厌倦了自己的枯燥生活，瑶瑶禁不住张哥的反复游说，跟着他上了南下的火车。谁知张哥把她骗到了一个传销组织。瑶瑶受尽了磨难，才被解救出来。

很多不法分子在行骗的时候，往往会利用青春期孩子渴望走捷径、不劳而获的心理，说些好听的，送些礼品和财物，用小恩小惠让年轻的孩子自愿钻入圈套。

对于处世经验尚且不足的孩子来说，妈妈们一定要对孩子给予十二分的关注，帮孩子抵制外界诱惑。这样，孩子才会有足够的警觉性。

那么，孩子为什么会爱占小便宜呢？主要原因大都出在家长身上。有的家长毫不顾忌自己的行为，经常做些占小便宜的事。久而久之，这种行为就会被孩子认同并模仿。此外，有的孩子偶然占了别人的小便宜后，发现这种行为带来的紧张感能抵消自己的心理压力和焦虑情绪，从而情不自禁地继续做这样的事。

但没有天生爱占便宜的孩子。妈妈们一定要细致观察自己的孩子，一旦发现孩子有占小便宜的苗头，必须立刻制止，而没有发现这一苗头的妈妈，也可以防微杜渐，做好以下方面：

首先，妈妈们要检查家中大人有无类似的毛病，为孩子做好表率。个别家长喜欢贪图小便宜，今天看到邻居家的葱好就顺手拿一根，明天因为买东西少付钱而欣喜若狂。这样的家长教育出来的孩子也一样会贪图小利。

也许有些家长并没有意识到自己身上有类似行为。那么，不妨反思一下下面这些行为自己有没有做过：带孩子参加红白喜事的宴会，吃饭前还要告诉孩子“挑贵的使劲吃，得把随的礼金吃回来”；带孩子坐飞机，哪怕不饿不渴，“免费的，不吃白不吃”的心理也让他们一次又一次伸出手去，不断地向空乘人员提各种要求。

这都是些无可厚非的小事，可一旦孩子受家长影响，养成了爱占小便宜的习惯，长大后很有可能像瑶瑶一样，因为这个缺点而吃大亏。

其次，孩子受到的影响是多方面的，不一定与家庭有关，妈妈们要为孩子打好“预防针”。让孩子知道，不属于自己的，就不要出于各种目的去占有。让孩子永远记得“贪小便宜吃大亏”的道理。即使孩子身上没有这种毛病，妈妈们也不能掉以轻心，要坚决表明自己的态度，帮助孩子养成明确的是非观念。

最后，妈妈们要帮助孩子识破生活中的一些骗局。有的妈妈认为应该把社会上的一切假恶丑排除在孩子生活之外，让围绕在孩子身边的都是美好的事物。其实不然。妈妈们在平时教给孩子一些防止被骗等自我保护方面的知识，比如分辨手机短信诈骗、网络诈骗等，可以让孩子少走一些弯路。

让孩子正确看待“面子”，拒绝虚荣

每个学期期末，晓霖都能领到学校颁发的三好学生奖状。很多同学都特别羡慕他。今年，他又毫无悬念地获奖了。颁奖大会上，校长在主席台上高声宣布了晓霖的名字。可是连喊了两次“田晓霖”，坐在下面的晓霖都是纹丝不动。待校长又提高音量，再一次喊到他的名字时，他才站起来，开心地跑去领奖。

回到家，妈妈问晓霖为什么这么做。晓霖振振有词地回答：“你没看到大家对我领奖已经无动于衷了吗？我得让全校师生和所有家长都听到我的名字，记住我！所以，我才故意等校长喊到第三遍的时候才去领奖。”

晓霖小小年纪，就如此爱面子，虚荣心太强，实在是堪忧。英国剧作家、诗人莎士比亚曾经说过：“爱好虚荣的人，是用一件富丽的外衣遮掩着一件丑陋的内衣。”被虚荣心严重影响的孩子，人生观和价值观会产生扭曲，人格上浮躁、自负、嫉妒心重，物质上爱慕虚荣、盲目攀比，社交上爱出风头，学习上不刻苦、好大喜功。

而孩子虚荣心的形成主要是家长教育不当造成的。很多家长因为怕孩子受委屈，对他们有求必应，让他们处处不落于人后。于是，在家长无意识地纵容下，孩子的欲望无限膨胀。还有些家长误解了奖励教育的意义，不断掩盖孩子的缺点，将孩子的优点过分夸大，甚至对别的孩子妄加批判。

孩子客观评价自己的能力本来就不强，如果围绕在他们身边的都是溢美之词，他们很容易对自己产生错误的认识，认为自己什么都比别人强。这样的孩子只能听表扬的话，受不了批评，容忍不了别人超越自己，长大以后往往会遭遇一些不必要的麻烦，有些甚至失去心理平衡、误入歧途。

对虚荣心较重的孩子，妈妈们千万不能掉以轻心，更不能对其进行吼叫教育，那样只会适得其反。妈妈们不妨采取以下方法逐步纠正孩子的虚荣心理。

1. 帮助孩子树立正确的荣辱观

让孩子对地位、荣誉、面子、得失有正确的认知和态度：有荣誉感是值得肯定的；面子不可没有，但也不能强求；过分追求荣誉、显示自己，只能让自己的人格扭曲……

2. 客观评价孩子

有些家长喜欢在人前夸耀自己的孩子，家里来了客人，总要让孩子诗词歌舞地展示一番。虽然客人的称赞能激发孩子的学习欲望，但时间久了往往会让孩子失去对活动本身的兴趣，而将注意力放在得到赞许上。所以，家长正确的做法是客观地评价孩子，不仅要表扬优点，也要及时指正缺点。

3. 及时发现孩子的虚荣心，善加改正

孩子从正常的虚荣心发展到过分的爱慕虚荣需要一个过程，其间会有很多明显的表现，比如对自己的外貌越来越在意，对服装用品等开始挑剔。发现孩子有这样的行为时，家长可以采用迂回战术，通过聊天让孩子认识到那些外在的东西并不重要。

此外，妈妈们也要注意个人修养，不要一味地讲排场、摆阔气、搞面子工程。在培育孩子的过程中，妈妈们应以务实为基本原则，不把精力放在表面的东西上。

让孩子解下多疑的枷锁

9岁的菁菁是小学三年级的学生。虽然她成绩不错，但在班里却是最不受欢迎的人，甚至连分组玩游戏都没有同学愿意和她一组。原因是菁菁的性格过于敏感、多疑。别人不经意的一个动作、一句话，被她发现了都会和自己联系起来。只要有同学围在一起说话，她总觉得是在说自己的坏话，并且很愤怒地报告老师。

一次，前桌的同学在传考卷给她时不小心把她的笔袋碰到了地上，她也觉得那是故意的。老师在夸奖同桌的时候鼓励性地拍了拍同桌的肩膀，菁菁回家也会跟妈妈抱怨“老师真偏心”。向老师打招呼，没得到回应，她也会想是不是自己哪里做错了，老师不喜欢自己了，而事实上老师因为在思考问题，根本没有看到她。就这样，久而久之，同学们都不敢靠近她了。

家长教育方法不一致、在学校里遇到困难、人际交往中受到挫折等，都容易让孩子处于不知所措的境地，进而发展为对人和事的高度不信任，形成多疑的性格。这往往会为孩子的人际交往、婚恋等带来不良影响。那么，妈妈们该怎样帮助孩子克服敏感多疑的心理呢?

1. 减少自身的多疑带给孩子的负面影响

孩子多疑，常常是因为受到大人的影响。有的妈妈对此不以为然，甚至觉得这是孩子聪明的表现，可以少吃亏、少受骗。可失去了童真童趣，过早地用否定的眼光看待一切，对孩子来说是很不幸的。多疑的他们会因为计较太多而失去很多快乐。

如果家长总是在孩子面前表现出对人和事物的不信任，或者总是对孩子的话质疑，那么也很容易造成孩子对家长、对外界的不信任。所以，妈妈们要让孩子在相互信任的环境中生活、成长。

2. 教孩子学会情感交流

多疑往往是彼此不了解、掌握的信息过少导致的。而多疑又会加剧这种隔阂。消除它的方法是：积极做好情感交流工作。妈妈们要让孩子在人际交往中加深与同伴的相互了解，增加彼此的信任感，减少不必要的猜疑。当孩子有了某种疑虑时，妈妈们可以建议他们先调查一下，看一看自己的猜测与事实是否相符。因为偏见和误会而导致的猜疑往往会因此而消除。

3. 增强孩子的自信心

一个缺乏自信的人在学习和生活中，往往会为自己的行为而患得患失，也会轻易怀疑别人是否会挑剔、为难自己。因此，要想帮助孩子纠正多疑的性格，妈妈们还要注意增强孩子的自信心，让孩子以乐观的态度看待现实，以理智的方式对待别人的评论。

帮孩子克服“怨妇”心态

一个牢骚满腹、抱怨不停的孩子，即使外表再出众、成绩再优秀，形象也会大打折扣，这样对孩子以后的生活和发展都非常不利。因此，一旦发现孩子有“怨妇”心态，切记不要对孩子吼叫，一时的吼叫教育只会压制孩子口头的抱怨，但孩子内心的抱怨会越积越多，妈妈们务必要对孩子进行引导，帮助他们改掉抱怨的坏习惯。那么，妈妈们应该怎么做呢？

1. 了解孩子爱抱怨的原因

面对喜欢抱怨的孩子，妈妈们往往一概而论地加以批评，但“一棍子打死一群人”并不是有效的解决方式。因为与简单的喜怒哀乐不同，抱怨里面可能蕴含着其他不同的情绪，比如伤心、失望、焦虑等。而孩子爱抱怨的原因主要有以下几种：情感得不到宣泄、需求得不到满足、渴望他人的关注、缺少正面的鼓励和支持。

妈妈们首先要了解孩子的真正想法，寻找孩子抱怨的原因。有些孩子可能并没有意识到自己有抱怨和挑剔的毛病，这就更需要妈妈的帮助了。因此，妈妈们要多与孩子进行沟通，多听听孩子的想法，站在孩子的角度换位思考一下。

妈妈发现，6岁的桃桃最近变得越来越挑剔了，经常是一整天都没个笑脸。爸妈带她去爷爷家，刚坐进车里她就开始抱怨怎么还不到。到了爷爷家，她先跑到厨房看晚餐的菜谱，然后不情愿地说："怎么又有讨厌的洋葱？"

在爷爷家住了两天，桃桃一见到来接自己的爸妈，小嘴就开始不停地抱怨爷爷把她的鞋带系得太紧了，奶奶梳小辫弄疼她了……可是，妈妈想要帮她重新系一下鞋带，她又说不用；想要帮她重新梳辫子，她也不让。

针对桃桃的这个情况，爸爸差点动怒，但是被妈妈安抚了下来。桃桃的爸爸妈妈研究了一番，认为桃桃拒绝妈妈表明她并不是真的有需要，而她的抱怨只是一种情绪上的宣泄，为了让爸爸妈妈能多听她说说话。找到了桃桃爱抱怨的原因，爸爸妈妈就每天尽量抽出一些时间来陪桃桃。渐渐地，桃桃又变回爱说爱笑的样子了。

虽然爱抱怨的孩子总是挑剔别人，但原因可能是他们受了什么委屈或伤害。所以，妈妈们试着和他们沟通找出问题的症结，要比指责他们更有意义。

2. 以身作则，对孩子表明态度

如果家长总爱发牢骚，孩子也会潜移默化地受到影响。想要孩子养成不抱怨的习惯，妈妈们自身要积极乐观，要让孩子在没有抱怨的环境中成长。对于爱抱怨的孩子，妈妈们要直截了当地告诉他们自己对其抱怨的看法和意见，让他们知道抱怨对解决事情没有任何意义，爱抱怨的人是不受欢迎的。

3. 让孩子学会在抱怨之前先想想

抱怨的习惯一旦养成，就很容易影响一个人的一生。当发现孩子出现负面情绪时，妈妈们要及时纠正，可以告诉他们，在抱怨之前先想想：事情真有那么严重吗？除了抱怨就没有别的解决方法吗？这样久而久之，孩子的积极情绪就会逐渐建立起来，牢骚满腹的情况也会慢慢消退。

此外，妈妈们要让孩子意识到挑剔别人是错误的。比如他挑剔你洗衣服洗得不够干净，就不妨让他亲自动手，体会一下"说比做要容易得多"的感觉。

去除孩子心中嫉妒的毒瘤

生活在充满竞争的年代，孩子有着或多或少的嫉妒心是很平常的事情。嫉妒心保持在一个合理的范围内，反而有可能成为促进孩子向上的动力。但如果嫉妒心达到了折磨人的程度，就会影响孩子的正常生活，让他走向极端。

对于一些孩子的强烈嫉妒心，妈妈们绝对不要对孩子进行吼叫教育，那样可能会让孩子将嫉妒隐藏起来，反而更不容易化解。那么，妈妈们该怎样做呢?

1. 因势利导，把孩子的嫉妒转换成动力

期末考试，乐乐排在班级第七名，而好朋友小贝却得了第一名。乐乐在向妈妈报告了自己成绩后，不服气地说："上个月数学测验，我还比他高5分呢！"

"可小贝这次考试数学成绩反而比你高了3分，而且总成绩比你高20多分。这主要是因为你的英语成绩不够理想……"妈妈拿着试卷帮乐乐分析考试失分的原因。

"那有什么了不起的！学英语不就是靠词汇量吗。像他那样死记硬背，谁都能考好。"乐乐轻蔑地说。

"是啊，全靠花工夫。如果你能和小贝一样，把每个单词都掌握好，没准下次考试，你就是第一名了。”听了妈妈的话，乐乐目光坚定地说：“路遥知马力，等着瞧吧，下次考试第一名一定是我的！”

很多嫉妒心强的孩子都有一种不服输的精神，乐乐就是这样，而乐乐的妈妈无疑抓住了最好的契机，用激将法让她去学习小贝的长处，让她明白，还不如把嫉妒人的时间用在赶超上。需要注意的是，在转化孩子的嫉妒心理时，妈妈们应该多鼓励他们，尽量不用或少用责备或惩罚的方式。因为那样不但解决不了孩子的思想问题，还会让他们产生更严重的嫉妒情绪。

2. 帮助孩子正确认识自己的长处和不足

嫉妒心理的产生多源于不能全面地看待问题，不能正确评价自己和他人。妈妈们在与孩子的相处过程中，要注意培养他们正确认识自我、看待他人的能力。

乐珊班里从别校新转来一个女孩，长得可爱，性格开朗，成绩也很好。大家都喜欢和她做朋友。但乐珊很不喜欢这个新同学。因为在她没来之前，乐珊是同学心目中的“小公主”，可现在大家都把注意力放在了新同学的身上。乐珊很不开心，甚至有些嫉妒新同学了。她把自己的烦恼告诉了妈妈。

听出女儿话里的嫉妒，妈妈对她说：“她有她的优点，你也有你的优点呀。你们两个都很优秀，我想其他人也一定这样认为。不要因为别人在某个方面比你强一点，就随意批评，这样会让人变得心胸狭窄。”听了妈妈的话，乐珊很不好意思。

后来，乐珊和那个女孩成了很好的朋友，两个人时常一起学习、互相帮助。乐珊很感谢妈妈，正是由于妈妈的劝告才没有让自己错过这样一个知心的伙伴。

嫉妒来自于不如别人的自知，妈妈们应该让孩子认识到，一个人不可能拥有所有的优势，要能够学习他人的长处，通过自己的努力弥补不足。妈妈们应该正确引导孩子的价值观念，防止孩子产生嫉妒心理。

帮孩子建立 乐观向上的阳光心态

对孩子来说，拥有乐观向上的性格是非常重要的。因为乐观向上的性格会是孩子应对人生中失败、挫折等不幸境遇的最强有力的武器。乐观向上的性格不仅有助于孩子保持充沛的精力和愉快的心情，还能够使他们以良好的心境将全部精力投入到学习和生活中去，进而取得更大的成就。

16岁的小叶学习成绩一直很好，同时，他还是班里的学习委员。最近随着中考的临近，学习压力的增大，小叶心中时常萦绕着一种难以述说的苦闷感。可他没有真正交心的朋友可以倾诉，即使有，他也说不出究竟。为了排解苦闷情绪，他也试着和家人去看电影、听音乐会，可回到家中，还是觉得一切索然无味。

渐渐地，他对生活越来越迷惘，总觉得一切都不顺心，胃口也很不好。有时候悲观起来，他甚至想用寻死的方法获得解脱，但因为对人生还有留恋，又下不了决心。他也知道，如果一直持续这种状态，会伤害身体，影响学习，却找不到解脱之法。

很显然，小叶被悲观、忧郁的情绪缠上了。一般来说，性格内向、孤僻、依赖性强的人都比较容易受到悲观、忧郁情绪的困扰。对大多数人来说，这种情绪只是偶尔出现，很快就会消失。但也有些人会经常性地陷入这种状态不能自拔。长此以往，危害是极大的，它会彻底改变人对世界和人际关系的认知。那么，妈妈们该如何培养孩子乐观向上的性格，使他们免受悲观、忧郁情绪的困扰呢？

1. 为孩子提供良好的家庭氛围

家庭气氛会在很大程度上影响孩子性格的形成。所以，妈妈们应该为孩子提供一个快乐、和谐、平等的家庭氛围，让孩子养成积极乐观的心态，健康快乐地成长。

2. 适时转移孩子的注意力

有时候，孩子是很固执的，不肯轻易表达或者无法切实表达自己的心境。这时，妈妈们要想办法转移他们的注意力。比如同孩子一起谈论他们感兴趣的事，或是带孩子出去转转，分散孩子的注意力，让他们在获得新乐趣的同时忘掉过去的不愉快。而见多识广的孩子，心胸自然开阔，悲观情绪就不容易产生了。

3. 让孩子体会成就感带来的快乐

对于每个人来说，最能够带来愉悦情绪的，莫过于完成任务后产生的满足感和自豪感了。妈妈们要经常引导孩子完成力所能及的任务，让他们体验成功带来的快乐，这也有助于孩子自信心的养成。

4. 鼓励孩子与人交往

妈妈们要为孩子创造与同龄人交往的机会，比如邀请孩子的同学来家里做客，带孩子去朋友家串门；还可以带孩子参加一些他们感兴趣的活动，让孩子在与同伴的游戏中获得乐趣。这对转变孩子的孤僻性格，培养活泼开朗的个性大有好处。

5. 鼓励孩子多运动

运动能促进人体新陈代谢，有助于发泄负面情绪，让人产生积极的心理感受。所以，妈妈们也可以帮孩子选择一些适宜的锻炼方法。

倾听并疏导孩子的负面情绪

孩子会有情绪，无论是喜是怒，还是恐惧、忧伤，都是自我情绪的表现，是一种主观存在的状态。孩子的情绪没有对与错，那只是他们内心思维的反应，妈妈们要无条件地接纳孩子的情绪，不仅要与孩子分享他们的正面情绪，也要在孩子的负面情绪面前不吼不叫，懂得倾听并疏导孩子们的负面情绪。

3岁的阳阳一个人在玩地图玩具，开始的时候会好好拼，可有几块相同的怎么也拼不上，他就马上把之前拼好的弄乱，然后把所有的地图都摔到地上，嘴里说着：“我不拼了，我不会！”

阳阳妈妈意识到孩子因为体验到了挫败而产生了沮丧的负面情绪，于是走到阳阳身边，对阳阳说：“阳阳想拼好的，结果没拼好，是不是因为有些着急了？”阳阳点了点头，阳阳妈妈又说：“阳阳还想拼是不是？妈妈帮你捡起来，阳阳休息会再接着拼。”

阳阳看着妈妈，眼光中有一丝犹豫，又有很多的渴望。阳阳妈妈把拼图都捡了起来，放在桌子上，对阳阳说：“阳阳，妈妈把拼图放在这里，你一会想拼的时候再接着拼。”

阳阳点了点头，他去玩了一会别的玩具，又磨蹭到了拼地图跟前。这一次，阳阳妈妈在旁边陪着阳阳，又有一块拼不上去，看着阳阳的情绪又有些变化，阳阳妈妈说：“可能是边上的挡住了，来，妈妈帮你扶着。”这一次，阳阳拼好了，他高兴极了，对妈妈说：“妈妈，阳阳也会拼地图，阳阳也可以的！”

阳阳感受到了成功的喜悦，又把拼好的地图弄乱重新拼。再次遇到挫败后，阳阳又将拼地图扔掉了，看到妈妈将掉在地上的拼图捡起来后，阳阳又磨蹭过去玩拼地图。反复几次后，阳阳玩得熟练了，也有了点窍门，就算有哪块拼不好，也不再摔玩具了。因为他知道失败并没什么，还能重新再来。

阳阳多次将地图弄乱并摔到地上，而且在妈妈告诫后仍旧摔地图。针对这种情况，有的妈妈会觉得孩子是小，但是这样“屡教不改”肯定不行，必须让他长点记性，所以会选择对孩子进行吼叫警告，但吼叫后的结果呢？有的孩子可能会选择不再碰地图，而有的孩子则会更加无理由地乱摔玩具。

3岁孩子的情绪是很难琢磨的，就算弄明白了也并不容易疏导，所以妈妈们在对待孩子负面情绪的问题上必须有足够的耐心，认真倾听并反复疏导，让良好的情绪占据上风，这样孩子的心智才会往健康的方向发展。

每个人都需要表露自己的情绪，开怀大笑是正面情绪的表露，而哭泣、发脾气则是负面情绪的表露。没有妈妈会阻止孩子开心地笑，为什么要吼叫着阻止孩子发脾气和哭泣呢？妈妈们要根据实际情况，让孩子释放负面情绪，然后再想办法平复孩子的情绪。

如果父母不接受孩子的负面情绪，孩子一哭闹就吼叫着制止，或者想方设法地逗孩子开心，那么孩子会在感受情绪的问题上迷失自我，对自己的负面情绪感到紧张或内疚，久而久之，孩子会更加无助。

小宁是一个二年级的小学生，因为一年级阶段表现很好，所以被选为班长。可是一次放学回家，小宁却闷闷不乐，写完作业后也没着急看动画片。

小宁妈妈感受到了小宁的负面情绪，她走到小宁跟前，对小宁说：“是不是不开心了？还是委屈了？如果有什么事情就跟妈妈说一下，不想说的话也没关系，别憋着，哭出来就好了。来，妈妈抱着你。”

小宁听了妈妈的话，扑到妈妈怀里，眼泪夺眶而出。哭了一会儿，她觉得其实事情也没有那么糟糕，就停下来将事情的原委告诉了妈妈。

原来小宁班上有位同学欺负别的同学，小宁作为班长上前制止，谁知问题没解决好，反而让矛盾升级了。班主任知道后将那位同学严厉地批评了一顿，又说小宁作为班长，在处理问题上方法欠缺。虽然没有责怪小宁的意思，但是她还是觉得很委屈。

小宁妈妈耐心听小宁说完后，又给小宁分析了一下。之后小宁就高兴地去看动画片了。

孩子不善于表达和处理自己的情绪，妈妈们在遇到孩子情绪低落时，不要因为哄不好孩子就对孩子发脾气，甚至大吼大叫，这样只会让孩子更加压抑自己的情绪。孩子对自己情绪的认知和掌控需要一段漫长的时间，妈妈们一定要耐心地对待孩子，让孩子的内心向健康的方向发展。

让孩子有自己的“隐私”

为防止孩子犯错、保护孩子不受伤害，妈妈们会千方百计地想知道孩子每天都在做什么、想什么，有没有交到坏朋友，有没有早恋或网恋。他们认为孩子是自己的，不存在什么隐私，所以不惜以保护孩子为名，侵犯孩子的隐私权，查看女孩的网上聊天记录、私拆孩子的信件、监听孩子的电话、偷看孩子的日记等。

12岁的倩倩在日记里这样写道：

昨天我和网友聊天，妈妈又进来看我在聊些什么了。她边打毛衣边时不时地看上几眼，待到很晚还不走。真是烦死了！其实我和那些陌生人根本没聊什么。

更过分的是，今天放学回家，我发现妈妈竟然私拆了朋友给我的信！虽然就是些普通来信，我还是非常生气，跟妈妈大吵了一架。

我问妈妈为什么私自拆我的信看，没想到妈妈比我还生气地吼道：“我是拆了，看了！当妈的看看女儿的东西还有错吗？”“这是我的隐私！你应该经过我的允许才能看！”这是我第一次顶撞妈妈，妈妈却毫不在乎我的想法：“什么隐私？

孩子对父母哪有什么隐私！”为此，我委屈得大哭了一场。

这样的事已经发生好几次了，我知道妈妈还偷看过我的日记。我一直没有发作，因为我知道妈妈也是关心我，但这样的做法实在让我无法接受。难道孩子就没有隐私权吗？为什么妈妈就不能坐下来听听我的心事，而非要窥探我的隐私呢？

发生在倩倩身上的事并不少见。虽然有些孩子知道妈妈的本意是出于对自己的爱护，但这些行为还是会让孩子感觉父母对自己不信任、不尊重，会让孩子感到不愉快。妈妈们这样的做法不仅给孩子造成沉重的精神压力，甚至会让孩子产生敌意和反抗情绪。

其实，随着年龄的增长，孩子的自我意识逐渐增强，对父母的依赖逐渐减少，会越来越渴望得到独立和他人的尊重。同时，随着生活领域的扩大、知识信息的增多，他们的情感更加细腻，内心变得敏感，会产生许多不愿为人所知的想法，也有了属于自己的秘密。因为感觉到自己的观点已经与家长的有所不同，他们与家长的心理沟通会明显减少。即使有话想说，他们也会选择把自己的内心感受倾诉在日记里，或是倾诉给亲密的朋友。这时，如果妈妈们用强硬手段侵犯孩子的隐私，会带来很多负面影响。

一天，读小学五年级的可儿正在房间里写日记，突然听到有人敲门。原来是妈妈给自己送水果来了。可儿一边请妈妈进来，一边把日记本合起来。

“又在记日记啊？”妈妈问可儿。

“是啊，老师说要养成每天写日记的好习惯。妈妈可不能偷看哦！”

“你没允许，妈妈当然不会看了。其实妈妈小时候也每天写日记。不过我只用那种带小锁的日记本，生怕别人偷看。”妈妈一边回忆往事，一边对可儿说。

“那外公外婆有偷看过你的日记吗？”可儿好奇地问。

“没有。他们见我日记本上有锁，就知道我不想让别人看里面的内容，所以也就不看了。其实想想，那时候还挺好玩的，好像一把小锁就能锁住自己的快乐。”

“这样啊！妈妈，我的日记里也有好多快乐。”

妈妈真诚地对可儿说：“妈妈知道。其实妈妈很希望能分享你的快乐，当然更想帮你分担忧愁。不过妈妈会尊重你的意愿，不会偷看你的日记。”

听了妈妈的话，可儿大方地说：“妈妈这么说，反倒让我愿意和你一起分享我的日记了。”就这样，妈妈既尊重了女儿的想法，又得到了女儿的信任。

孩子会有自己的思想需求和尊严需求。如果孩子有了隐私，妈妈们应该像可儿的妈妈一样，试着走进孩子的内心，与她们进行沟通，而不是违背孩子的意愿去窥探。那么，具体来说该如何做才更恰当呢？

1. 给孩子一定的自由空间

孩子不想告诉你的事，就不要一再追问，更不应该想方设法地知道。妈妈们要从心里放心自己的孩子，当孩子感受到了你的坦荡时，自然会相信你对他的尊重，有些可以让你知道的事情，孩子自然会说出来，而有些不想说出来的，也知道你不会责怪自己。只有正确对待孩子的隐私，妈妈们才能赢得孩子的尊重和信任。

2. 用平等的身份多与孩子交流，建立融洽的亲子关系

隐私具有相对性，对不信任的人是隐私，对信任的人就不是隐私了。妈妈们应关注孩子情绪的变化，多与孩子平等地交流，了解孩子的心事，让孩子觉得自己是可以信赖的朋友。这样，孩子会对你产生信任感，愿意向家长倾诉自己心中的秘密。此时，妈妈们再给予必要的指点即可。需要注意的是，你一旦承诺为孩子保守秘密，就要严格遵守。如果不慎泄露出去，一定要及时向孩子道歉并解释清楚。

3. 培养孩子的自我教育能力

如果妈妈们了解到孩子的隐私中有些不良因素，不要大惊失色，对孩子严厉训斥，甚至殴打辱骂。正确的做法是心平气和地与孩子一起讨论道德、理想、人生观、价值观等问题，引导孩子自己分辨是非善恶，悟出为人处世的道理。

正确对待孩子的叛逆行为

一天，鹏鹏的妈妈突然接到鹏鹏学校领导打来的电话，听到了一个骇人的消息：鹏鹏剃了个光头在学校里晃来晃去，还有一些同学跟在他后面看笑话，他却不以为然。这一举动在学校掀起了轩然大波。

鹏鹏放学回到家，妈妈痛骂了他一顿。鹏鹏听了没有和她争执，而是躲回了自己的房间，一刻钟后交给她一篇《光头宣言》："头发是我自己的，我有管理权！"这让鹏鹏的妈妈手足无措，只好用换位思考的方式让鹏鹏同意戴帽子上学。

鹏鹏的父母本以为一切就此风平浪静，没想到才过了几天，鹏鹏的反叛又升了级：先是给左耳朵穿了5个洞，接着又疯狂地买回了一批稀奇古怪的衣服饰品，最后竟然闹着不去上学。

在青春期孩子的心理发展过程中，有一个比较特殊的发育阶段。在这个阶段，很多孩子像鹏鹏一样，他们不理睬家长，拒绝家长的要求，处处和家长唱反调，不愿让家长干涉他们的事，家长生气的怒吼对他们来说就像耳旁风。一向温顺听话的孩子到了这个时期也会变得急躁、不听话。很多妈妈对此感到困惑。事实上，这是大多数孩子生理和心理发展的必经阶段。它是孩子自我发展的需要，表明孩子开始产生自主意识，建立自己的好恶观念，表达个人的需求。

虽然可以把孩子的叛逆说成是他们成长的表现，但如果妈妈处理不好，也会对孩子的成长产生不利影响。如果对孩子的叛逆行为反复限制和干涉，可能让孩子变得唯命是从、缺乏主见。而如果妈妈对孩子的错误行为一味迁就，又无疑是对孩子不良行为的一种纵容。所以，妈妈需要把握好管教的“度”，用一定的智能和技巧化解孩子的叛逆，帮孩子顺利度过这一阶段。

1. 尽量尊重孩子的想法

有时候，孩子对妈妈的意见说“不”，并不是在针对妈妈，也不是针对某件事，而是单纯地想表达自己有权利否定一些事情。对此，妈妈在要求孩子的时候，要先了解他们的心理，尊重他们的想法，让他们能够自由地表达自己的看法，让他们认为自己是一个独立的、可以有自己意见的人。

2. 避免采取硬性措施

这个阶段的孩子往往本能地反感被要求做这做那，而喜欢自己“当家做主”的感觉。所以，妈妈要尽量回避直接向孩子提出要求的方式，可以用旁敲侧击的办法引起孩子的兴趣，让他们觉得这是自己想干的。

3. 反其道而行之

有时候，妈妈可以将计就计，顺着孩子的心思，反着来要求孩子。比如下雨天，想让孩子穿雨鞋，妈妈可以这样跟他说：“今天还是别穿雨鞋了，弄脏了新买的雨鞋就不好了。”在妈妈“反其道而行之”的策略面前，孩子往往会“束手就擒”，坚持按妈妈本来的意愿去做。

理性对待追星的孩子

追星，在当今社会是一种很普遍的现象，而青少年正是“追星族”中的主力军。在围绕着某个明星尖叫的人群中，我们总能看到那些稚气未脱的脸庞，有些孩子对明星的崇拜甚至达到了疯狂的程度。虽然全盘否定追星行为有些偏激，但孩子追星的现象依旧不能不让人担忧。

对于孩子的追星行为，妈妈不能视而不见，不能对孩子强加制止，更不能跟着孩子一起疯狂，必须正确引导。在这里给妈妈提出几点可供参考的建议：

1. 了解孩子追星的深层原因

小洁是个高一女生，在她的班上，很多同学都是疯狂的追星族。他们每天到教室后，放下书包就要聚在一起讨论明星的最新消息，尽管各自喜爱的明星不尽相同，他们也总是能议论个热火朝天。如果同学里有谁对这些明星一无所知，那么一定会受到同学的鄙视，觉得他太古板、不合群，甚至会得到“老土”的评价。为了不被同学疏远，小洁经常把妈妈给她住宿用的生活费拿来买明星的唱片和海报，有时甚至逃课和同学一起去参加明星的演唱会。渐渐地，经常靠吃泡面度日的小洁变得有些营养不良，而且因为将心思全转移到了追星上，成绩也一落千丈。

小洁的妈妈从班主任老师那里了解到这些情况，没有对小洁吼叫斥责，而是平心静气地和她聊了一次。妈妈告诉小洁，追星可以，但必须适度，不能荒废学业，而且要保证自己的健康，如果能达到这些要求，就不禁止她追星。后来，妈妈又给小洁买了一些励志类的书籍和名人传记。有了老师和妈妈的引导，加之小洁本来就没有对哪个明星迷恋到不能自拔的程度，所以过了一段时间，她追星的热情就渐渐淡了下来，注意力重新转移到了学习上，生活过得充实而精彩。

孩子过分迷恋偶像，妈妈首先要分析孩子追星的原因，大多数孩子追星都是受从众心理所致，他们在身边同龄人追星氛围的推动下随波逐流，情感意识逐渐被同化。知道了孩子追星的深层原因，妈妈才能更好地理解和帮助孩子。

2. 区别对待孩子的追星行为

如果孩子的追星行为是理性的，仅限于利用课余时间听听偶像的歌或是看看偶像主演的电影、偶尔花钱买几张明星海报、将偶像的照片贴在床头等，那么妈妈没有必要对这些能够给孩子减压、带来快乐的行为限制太多，否则容易让孩子产生逆反心理。

如果孩子追星严重影响到他们的学习成绩，甚至到了如痴如醉、走火入魔的程度，那么不但会浪费大量的时间和金钱，还会危害孩子的身心健康。这时，妈妈绝不能再一味迁就了，要帮助孩子学会合理安排学业和兴趣，将主要精力放在自己的学习和生活上。

3. 挖掘偶像的积极意义

当孩子崇拜上某位明星时，扔掉明星的唱片、撕掉明星的海报这种简单粗暴的方法非但不能帮助妈妈扭转局面，反而会拉远自己与孩子的距离。所以，妈妈不妨先带着欣赏的眼光去了解这个明星，和孩子谈论一下他喜欢的明星有什么长处。通过了解孩子喜爱的明星，妈妈能够找准切入点进行引导，帮孩子从明星身上找到适合他们学习的闪光点。而且这有助于拉近妈妈与孩子的距离，当孩子不再排斥妈妈时，妈妈再说什么话，他们也比较容易接受。

刚上初中的小鹏迷上了周杰伦，甚至不顾违反校规，留了一个和周杰伦一样的发型。因为小鹏的精力主要都放在了这上面，刚上初中的他学习明显跟不上。妈妈的吼叫斥责和苦口婆心在他那里都成了耳旁风。

一天，家里的CD机里传出了周杰伦《蜗牛》这首歌。小鹏很快就被这首内容积极、旋律优美的歌感染了，不自觉地跟着哼了起来。妈妈看在眼里，不失时机地对小鹏说："周杰伦是歌手，也是词曲创作人；是演员，也是编剧、导演和制作人；是设计师、是时尚顾问，也是董事长。他是一个积极努力，为梦想而执着的年轻人，选他做偶像，儿子你很有眼光。但现在的你职责就是做好一个学生，所以你应该从他身上学习那些更适合现阶段的你借鉴的地方。"听了妈妈的话，小鹏若有所思地点了点头。

周末，小鹏主动去理发店把头发剪短了，并且坐在书桌前全神贯注地学习了很久。后来，妈妈从小鹏的一张书签上看到了《蜗牛》中的一句歌词："我要一步一步往上爬，小小的天有大大的梦想……"

心中有个崇拜的偶像并不是什么坏事，某种程度上，偶像就是自己奋斗的目标。无论是歌星、影星还是球星，都是通过自己的努力和奋斗成长起来的，这一点对孩子来说是有启迪作用的。小鹏的妈妈从这个角度入手，鼓励小鹏多学习明星身上的优秀品质，做法值得妈妈们借鉴。

此外，妈妈要引导孩子产生更广泛的兴趣，可以抽出更多时间带孩子去看高雅的艺术表演，去郊外运动爬山、去博物馆亲近历史等，用丰富多彩的业余生活陶冶孩子的情操，培养孩子的生活情趣，从而分散孩子集中在明星身上的注意力，让他们将精力转向现实生活。

和孩子讨论一下什么是爱情

青春期的孩子，由于性生理的发展和逐渐成熟，性意识开始觉醒。他们强烈地意识到男女有别，不可避免地对异性产生了一种朦胧的好奇心，渴望了解异性，甚至不知不觉中对异性产生了一种青涩的爱恋之情。这时，孩子开始有意识地修饰自己的仪表，注意自己的谈吐，希望能够引起对方的注意。这是青春期异性之间相互吸引的表现，是一种正常的心理变化。

有些妈妈，尤其是女孩的妈妈，开始为了孩子的早恋问题提心吊胆，看到女孩跟异性交往过密，就会对孩子吼叫斥责，甚至采取杜绝孩子与异性交往的极端方式。比如，让女孩读女校，不选择有男孩的家庭做邻居等，都是错误的。

初三女生晓鸥是班里的学习尖子，深得老师、家长的喜爱。一次在学校附近小餐馆吃午餐，晓鸥被人撞到，连衣裙被洒上很多油腻的汤汁，幸好餐馆老板阿明及时解围，借了女服务员的衣服给她。渐渐地，两人的接触多了起来。阿明有着酷酷的发型和外表，在晓鸥看来，帅气的他有点像大明星。“你就像池塘里的荷花，那样纯洁无瑕”“你知道我每时每刻都控制不住地想你吗”……在阿明温情脉脉的攻势下，涉世不深的晓鸥被这些花言巧语迷惑住了，她觉得自己爱上了阿明。

信誓旦旦的许诺，花前月下的约会，使晓鸥无心学习，成绩一落千丈。晓鸥的父母知道这件事后，气急败坏，找到阿明的餐馆打了他一顿，还砸了好些东西。晓鸥觉得父母简直不可理喻，为了和阿明私订终身，16岁的她竟偷偷取走家里数万元的存款离家出走半个多月。

失足的晓鸥没有换来阿明的珍惜。将巨款挥霍一空后，阿明很快有了新的女朋友。晓鸥彻底看清了阿明的人品，可是后悔已经晚了，因为自己的学业已经荒废。

青春期孩子，还不懂得什么是真正的爱情，在与异性的交往中，也不会有意识地保护自己，很容易陷入情感的误区，遭受身心的伤害。作为妈妈，不能用强硬手段对待孩子，要在这一阶段引导他们学会与异性正常交往。

妈妈可以给孩子讲一些身边的或是书中的爱情故事，这些故事要具有典型性，能够对孩子的爱情观产生积极影响。这些故事会引发孩子关于爱情的思考，这时，妈妈要抓住时机加以引导，不妨告诉孩子：在太年轻的时候，人们是不懂爱情的，爱情就像树上的果子，在青涩的时候摘下，尝到的只能是苦涩；爱情是不可以亵渎的，很随便的感情不是爱情，真正的爱情是两情相悦，是相濡以沫，更是彼此不离不弃。

妈妈要告诉孩子与异性交往的过程中善于自我控制，以避免一些不必要的麻烦和受侵犯的不良后果。而自控能力是建立在正确认知的基础上的，妈妈应该开诚布公地与孩子讨论与异性交往有关的问题，还可以同孩子就某些影视剧的情节或是媒体报道的案例进行讨论，发表各自的看法，让孩子从中有所领悟。

孩子在与异性正常交往的过程中，能够起到个性上互补、心理上互励、情感上互慰、智力上互偿的作用，对他们的自我发展是十分有利的。孩子学会与异性和睦相处，既是对未来建立婚姻家庭做好必要准备，也可以培养他们将来在事业发展和社会人际关系方面的适应性。妈妈要多与孩子进行沟通，适时加以引导，帮助他们形成正确的爱情观，把握与异性交往的安全距离。

正视孩子的性教育

几名任课老师都向班主任王老师反映，说一向品学兼优的刘畅最近听课时总是心不在焉，完全没有在听讲。王老师也发现了，最近半个月，刘畅上课时经常走神，气色也不是很好，还因为不舒服请过两次假。她几次关心地询问刘畅是不是生病了，需不需要看医生。每次刘畅都涨红了脸，连连摇头。王老师觉得很奇怪，决定找刘畅的父母谈谈。

刘畅的父母听了王老师的话，也对她说了一些刘畅最近在家的反常表现：经常锁着房门不让父母进去，自己洗内衣和床单。这些在以前可是从来没有过的。

细心的王老师似乎明白了什么，问刘畅的父母："你们有没有发现刘畅有遗精的现象呢？"刘畅的妈妈不好意思地说："上周我给他叠被时，发现床单上有块污迹。真没想到这么小的孩子居然会这样，我跟他爸爸说了，他爸还笑刘畅早熟呢。"

接着，王老师又问刘畅的父母："你们给孩子讲过这方面的知识吗？""这还要讲啊？怎么好意思对孩子开口，以后他自己总会知道的。"听到刘畅妈妈的回答，王老师愣住了。

其实，刘畅的父母不知道的是，最近一段时间，刘畅一直陷在深深的自责中，他既痛苦又愧疚，甚至有一种罪恶感，觉得自己很下流。而且他不敢对任何人说，怕所有人都瞧不起自己。

青春期是孩子从儿童发育到成人的过渡阶段，随着青春期的到来，很多孩子都有过类似刘畅的这种“成长的烦恼”，如果他们能够早些接受适当的性教育，就不会因为自身正常发育产生的变化而感到尴尬、焦虑、茫然无措，甚至陷入苦恼、自责当中。

事实上，性既不神秘，也不龌龊。关于孩子的生长发育、身体变化因势利导地对孩子进行性教育，原本是再自然不过的事情，但这在很多家庭都被忽视了。生活中，面对孩子关于性方面的问题，很多妈妈不是躲躲闪闪引开话题，就是自作聪明地欺骗孩子。刘畅第一次遗精后，爸爸和妈妈不可思议的态度和无恶意地笑话他“早熟”，都让刘畅产生了耻辱感，甚至觉得性的发育是自己的罪过。如果他们能像下面这对父母一样妥善处理这件事，那么刘畅的心态就一定不是罪恶感，而是自己长大了的自豪感，更不会产生一系列烦恼和焦虑，影响到正常的学习和生活了。

细心的妈妈发现上初二的儿子红着脸，偷偷摸摸地想要自己洗被精液弄脏的床单。她悄悄告诉丈夫：“儿子梦遗了。”

爸爸拍了拍儿子的肩膀说：“儿子，爸爸祝贺你，这说明你已经是个男子汉了。”

第二天，儿子在书桌上发现了一本青春期科普读物，里面还夹着一张表示随时愿意为他解惑的纸条。

其实，不仅仅是青春期的孩子需要性教育，性教育应该始于更早。心理学家认为，妈妈应根据孩子的年龄对孩子进行不同内容的性教育。

一般3 ~ 5岁的幼儿已经对性有了意识，他们问的最普遍的问题是：我是从哪儿来的？这时，妈妈应该有问必答，不要回避，也不要用谎话来搪塞，可以简单地告诉孩子“你是在妈妈的肚子里长大的”。妈妈的回答应该简短，语气要坦然，以免孩子产生神秘感。对于暂时还没有办法解释清楚的问题，妈妈要如实说明，取得孩子的谅解。这个年龄段的孩子已经能够注意到两性差别，妈妈应该在洗澡等场合自然地让孩子认识自己的身体。

上了小学的孩子会比较害羞，虽然他们不常发问，但这并不代表他们没有问题。媒体上的“强奸”“艾滋病”“同性恋”等名词也会让他们感到好奇。妈妈可以借助童话、寓言故事等，将对孩子的性教育内容穿插其中，比如从植物的开花结果讲起，再联系到人的性与生殖。如果妈妈比较开明，那么孩子就不会将困惑埋在心里，而是会随时向妈妈请教。

对于进入青春期的孩子，妈妈应该主动关心询问孩子的性困惑，以免孩子试图通过其他非正常渠道了解这方面的知识。如果孩子主动向你提起疑问，妈妈们更应该认真回答，而不要觉得孩子的思想不单纯，更不能对孩子吼叫。在对孩子的性教育中，妈妈不仅要传授与性有关的知识，更要注意培养孩子对性的正确认识和健康的性心理。

美国性教育家戈尔顿教授说过：“不要指望仅仅用某种教科书来解决孩子青春期的所有问题，而最好的家庭性教育的方法是与孩子拉家常。”家庭不能成为性教育的盲区，妈妈应该在适当的时机对孩子进行恰当的性教育，帮助孩子正视自己“成长的烦恼”。